prima.

Vokabelheft

Ausgabe B

D1699929

C.C. Buchner · Oldenbourg

prima.

Ausgabe B

Herausgegeben von Clement Utz, Regensburg.

1. Auflage 1 876543 2011 10 09 08
Die letzte Zahl bedeutet das Jahr dieses Druckes.
Alle Drucke dieser Auflage sind, weil untereinander unverändert, nebeneinander benutzbar.

Dieses Werk folgt der reformierten Rechtschreibung und Zeichensetzung. Ausnahmen bilden Texte, bei denen künstlerische, philologische oder lizenzrechtliche Gründe einer Änderung entgegenstehen.

www.ccbuchner.de
www.oldenbourg-schulbuchverlag.de

Lektorat: Bernd Weber
Satz und Gestaltung: Artbox Grafik und Satz GmbH, Bremen
Druck und Bindung: Pustet, Regensburg

C.C. Buchner   ISBN   978-3-7661-**5030**-2

Oldenbourg   ISBN   978-3-486-**00270**-6
Oldenbourg   ISBN   978-3-637-**00270**-8   (ab 1. 1. 2009)

Liebe Schülerinnen und Schüler!

Dieses Vokabelheft soll euch dabei helfen, den lateinischen Wortschatz **prima** zu lernen und zu wiederholen. Es enthält lektionsweise die gleichen Wörter und Wendungen wie euer Lateinbuch, allerdings in anderer Anordnung.

Die Vokabeln sind nach Wortarten und – wo dies möglich ist – nach Deklinations- bzw. Konjugationsklassen gegliedert. Ihr findet also zuerst die Substantive, Adjektive und Pronomina, dann die Verben, schließlich Adverbien, Konjunktionen, Subjunktionen usw. Wendungen sind jeweils am Ende aufgeführt. Durch diese Anordnung (vgl. S. 5) könnt ihr euch die „grammatischen Eigenschaften" der Vokabeln besser einprägen und die sprachliche Einordnung wird euch bewusst.

Neben dieser lernfreundlichen Anordnung des Wortschatzes haben wir ein bequemes „Hosentaschenformat" gewählt, damit ihr das **prima**-Vokabelheft überallhin mitnehmen könnt. Ihr wisst ja, die Kenntnis der Wörter ist die wichtigste Voraussetzung für das Erlernen einer Sprache, besonders für das Übersetzen.

Vor allem aber sollt ihr dieses Vokabelheft zum Wiederho en des Wortschatzes verwenden.

Dazu ein paar Tipps:

1. Lernt jeden Wortschatz immer gleich, wenn ihr ihn im Unterricht behandelt habt, ganz genau und merkt euch immer alle deutschen Bedeutungen!

2. Prägt euch die Wörter nicht nur über die Augen ein, sondern sprecht sie auch laut, damit ihr sie über die Ohren aufnehmt! Vokabeln, die ihr euch schwer merken könnt, solltet ihr auch schreiben.

3. Wiederholt jeden Wortschatz möglichst noch in derselben Woche, in der ihr ihn gelernt habt, ein erstes Mal!

4. Wiederholt dann in regelmäßigen Abständen weiter zurückliegende Wortschätze nach einem festen Plan! Erst wenn ihr ein Wort auch bei der fünften Wiederholung noch beherrscht, könnt ihr euch sicher sein, dass es gut im Gedächtnis verankert ist.

5. Nutzt Hilfen zum Lernen und Wiederholen: Fragt euch gegenseitig ab, sprecht die Vokabeln auf Kassette, schreibt sie auf Karteikarten oder arbeitet mit einem PC-Programm: Der **prima**-Wortschatz kann mit dem Vokabeltrainer „Memodux" gelernt, geübt und wiederholt werden.

Da oft gerade die Stammformen der Verben Schwierigkeiten bereiten, sind diese in einem Anhang zum Nachschlagen und zum Wiederholen zusammengestellt. Ihr findet dort diejenigen Verben aus **prima**, deren Stammformen „unregelmäßig" und schwierig erscheinen.

Anordnung der einzelnen Wortarten:

1. Substantive
2. Adjektive
3. Pronomina (mit Pronominaladjektiven)
4. Numeralia (Zahlwörter)

5. Verben
6. Adverbien
7. Fragewörter

8. Konjunktionen
9. Subjunktionen

10. Präpositionen

11. Interjektionen (Ausrufe)
12. Wendungen

basilica	Basilika, Halle
cūria	Kurie, Rathaus
turba	Menschenmenge, Lärm, Verwirrung
circus	Zirkus, Rennbahn
servus	Sklave
forum	Marktplatz, Forum, Öffentlichkeit
templum	Tempel
senātor	Senator

clāmāre, clāmat	laut rufen, schreien
properāre, properat	eilen, sich beeilen
rogāre, rogat	bitten, erbitten, fragen
stāre, stat	stehen
gaudēre, gaudet	sich freuen
rīdēre, rīdet	lachen, auslachen
esse, est	sein
adesse, adest	da sein
avē!	sei gegrüßt!
salvē!	sei gegrüßt!
salvēte!	seid gegrüßt!

hīc *Adv.*	hier
ibī *Adv.*	dort
subitō *Adv.*	plötzlich

ubī?	wo?

et	und, auch
nam	denn, nämlich
tum	da, damals, darauf, dann

2

porta	Tor
amīcus	Freund
equus	Pferd
lūdus	Spiel, Wettkampf; Schule
populus	Volk
praemium	Belohnung, Lohn, (Sieges-)Preis
sīgnum	Merkmal, Zeichen
victor *m*	Sieger

dare, dat	geben
exspectāre, exspectat	warten, erwarten
patēre, patet	offenstehen, sich erstrecken
tacēre, tacet	schweigen
accēdere, accēdit	herbeikommen, hinzukommen
currere, currit	eilen, laufen
surgere, surgit	aufstehen, sich erheben; aufrichten

dēnique *Adv.*	schließlich, zuletzt
diū *Adv.*	lange Zeit
hodiē *Adv.*	heute
nunc *Adv.*	jetzt, nun
tandem *Adv.*	endlich

etiam	auch, sogar
sed	aber, sondern

ecce	schau / schaut, sieh da / seht da!

amīca	Freundin
bēstia	Tier
taberna	Laden, Werkstatt, Gasthaus
aedificium	Gebäude
clāmor, clāmōrem *m*	Geschrei, Lärm
mercātor, mercātōrem *m*	Kaufmann, Händler
mulier, mulierem *f*	Frau

5

intrāre, intrat	betreten, eintreten
spectāre, spectat	betrachten, hinsehen
vidēre, videt	sehen; darauf achten
contendere, contendit	eilen; sich anstrengen
petere, petit	(auf)suchen, (er)streben, bitten, verlangen
relinquere, relinquit	unbeachtet lassen, verlassen, zurücklassen
tollere, tollit	aufheben, in die Höhe heben, wegnehmen
vendere, vendit	verkaufen

6

iam *Adv.*	nun, schon
itaque *Adv.*	deshalb

nōn *Adv.*	nicht
statim *Adv.*	auf der Stelle, sofort

7

cūr?	warum?
quid?	was?
quis?	wer?

8

autem *(nachgestellt)*	aber, andererseits

10

ad *Präp. m. Akk.*	an, bei, nach, zu
ante *Präp. m. Akk.*	vor
apud *Präp. m. Akk.*	bei, nahe bei
in *Präp. m. Akk.*	in (... hinein), nach (... hin), gegen *(wohin?)*
per *Präp. m. Akk.*	durch, hindurch

12

clāmōrem tollere	ein Geschrei erheben
nōn iam	nicht mehr

pecūnia	Geld, Vermögen
thermae, thermās *Pl.*	Thermen, Badeanlage
dōnum	Geschenk
vīnum	Wein
adulēscēns, adulēscentem *m*	junger Mann
fūr, fūrem *m*	Dieb
senex, senem *m*	Greis, alter Mann
uxor, uxōrem *f*	Ehefrau
vestis, vestem *f*	Kleid, Kleidung

tē *Akk.*	dich

amāre, amat	lieben, gernhaben
cōgitāre, cōgitat	denken, beabsichtigen
dēlectāre, dēlectat	erfreuen, unterhalten
laudāre, laudat	loben
complēre, complet	anfüllen, erfüllen
dēpōnere, dēpōnit	ablegen, niederlegen, aufgeben
sūmere, sūmit	nehmen
vult	er (sie, es) will

certē *Adv.*	gewiss, sicherlich
numquam *Adv.*	niemals
semper *Adv.*	immer
tantum *Adv. (nachgestellt)*	nur

| tamen | dennoch, jedoch |

cum *Präp. m. Abl.*	mit, zusammen mit
dē *Präp. m. Abl.*	von, von ... her, von ... herab; über
in *Präp. m. Abl.*	in, an, auf, bei *(wo?)*
prō *Präp. m. Abl.*	an Stelle von, für

| cōgitāre dē *m. Abl.* | denken an |

5

iniūria	Beleidigung, Unrecht, Gewalttat
patria	Heimat
victōria	Sieg

barbarus	Ausländer, 'Barbar'
deus	Gott, Gottheit
nūntius	Bote, Nachricht
arma, arma *n Pl.*	Waffen, Gerät
perīculum	Gefahr
cōnsul, cōnsulem *m*	Konsul

5

dubitāre, dubitō *(m. Inf.)*	zögern
nūntiāre, nūntiō	melden
pūgnāre, pūgnō	kämpfen
dēbēre, dēbeō	müssen, sollen; schulden
dolēre, doleō *(m. Abl.)*	schmerzen; bedauern, Schmerz empfinden (über etw.)
licet	es ist erlaubt, es ist möglich
respondēre, respondeō	antworten, entsprechen
colere, colō	bewirtschaften, pflegen; verehren
cōnsistere, cōnsistō	haltmachen, sich aufstellen
dēfendere, dēfendō	abwehren, verteidigen, schützen
vīvere, vīvō	leben

6

repente *Adv.*	plötzlich
undique *Adv.*	von allen Seiten

quod *Subj. m. Ind.*   dass, weil

ē / ex *Präp. m. Abl.*   aus, von ... her
sine *Präp. m. Abl.*   ohne

gaudēre, gaudeō *m. Abl.*   sich freuen über etw.

6

cēna	Essen, Mahlzeit
domina	Herrin
mēnsa	Tisch
puella	Mädchen
serva	Sklavin
līberī, līberōs *m Pl.*	Kinder
puer, puerum	Junge, Bub
aedēs, aedēs *f Pl.*	Haus, Gebäude
māter, mātrem *f*	Mutter

tū *(betont)*   du

labōrāre, labōrō	arbeiten
ōrnāre, ōrnō	schmücken
parāre, parō	bereiten, vorbereiten; vorhaben; erwerben
vocāre, vocō	rufen, nennen
portāre, portō	tragen, bringen
iubēre, iubeō *(m. Akk.)*	anordnen, befehlen
placēre, placeō	gefallen
emere, emō	kaufen
mittere, mittō	(los)lassen, schicken, werfen
ostendere, ostendō	zeigen, darlegen
adesse, adsum	da sein; helfen

bene *Adv.*	gut
paulō *Adv.*	(um) ein wenig
post *Adv.*	dann, später

post *Präp. m. Akk.*	hinter, nach

paulō post	kurz darauf

1

cōpia	Menge, Möglichkeit, Vorrat
fīlia	Tochter
toga	Toga *(Kleidungsstück des römischen Mannes)*
tunica	Tunika *(Unterkleid unter der Toga)*
fīlius	Sohn
oculus	Auge
auxilium	Hilfe
cōnsilium	Beratung, Beschluss, Plan, Rat
convīvium	Gastmahl, Gelage
sacrum	Opfer, Heiligtum
verbum	Wort, Äußerung
pater, patris *m*	Vater
aedēs, aedium *f Pl.*	Haus, Gebäude
vestis, vestis *(Gen. Pl.* -ium*)*	Kleid, Kleidung

4

| vīgintī *indekl.* | zwanzig |

5

| probāre, probō | beweisen, für gut befinden |
| remanēre, remaneō | (zurück)bleiben |

admittere, admittō	hinzuziehen, zulassen
attingere, attingō	berühren
compōnere, compōnō	vergleichen
convertere, convertō	verändern, (um)wenden; (in *m. Akk.*) richten (auf)
dīcere, dīcō	sagen, sprechen
gerere, gerō	ausführen, führen, tragen
nōlle, nōlō	nicht wollen
velle, volō	wollen

6

circiter *Adv.*	ungefähr
prīmō *Adv.*	zuerst

7

nōnne *(im dir. Fragesatz)*	(etwa) nicht?

8

-que	und

8

āra	Altar
dea	Göttin
via	Straße, Weg
lībertus	Freigelassener
patrōnus	Patron (Schutzherr)
propinquus	Verwandter
gaudium	Freude
negōtium	Aufgabe, Geschäft, Angelegenheit
agmen, agminis *n*	(Heeres-)Zug
gēns, gentis *f (Gen. Pl.* -ium*)*	Familienverband, Stamm, Volk
mōns, montis *m* (Gen. Pl. -ium*)*	Berg
parēns, parentis *m/f*	Vater, Mutter
parentēs, parentum *m Pl.*	Eltern
pāx, pācis *f*	Friede
salūs, salūtis *f*	Gesundheit, Glück, Rettung, Gruß
soror, sorōris *f*	Schwester
vōx, vōcis *f*	Äußerung, Laut, Stimme

ōrāre, ōrō *(m. dopp. Akk.)*	bitten (jmd. um etwas)
audīre, audiō	hören
pervenīre, perveniō ad / in *m. Akk.*	kommen zu / nach
venīre, veniō	kommen
agere, agō	handeln, treiben, verhandeln
dūcere, dūcō	führen, ziehen

domum *Adv.*	nach Hause

9

aqua	Wasser
grātia	Ansehen, Beliebtheit, Dank, Gefälligkeit
cibus	Nahrung, Speise
dominus	Herr
hospes, hospitis *m*	Fremder, Gast, Gastgeber
iter, itineris *n*	Reise, Weg, Marsch
māiōrēs, māiōrum *m*	Vorfahren
mōs, mōris *m*	Sitte, Brauch; *Pl.* Charakter

mūnus, mūneris *n*	Aufgabe; Geschenk
ōrātiō, ōrātiōnis *f*	Rede

3

vōbīs *Dat.*	euch

5

narrāre, narrō *(dē m. Abl.)*	erzählen (von/über)
habēre, habeō	haben, halten
pārēre, pāreō	gehorchen, sich richten nach
praebēre, praebeō	geben, hinhalten
convenīre, conveniō	besuchen, zusammenkommen, zusammenpassen
bibere, bibō	trinken
cōnsīdere, cōnsīdō	sich setzen, sich niederlassen
indūcere, indūcō	(hin)einführen, verleiten
interesse, intersum *m. Dat.*	dazwischen sein, teilnehmen an

6

posteā *Adv.*	nachher, später
quoque *Adv. (nachgestellt)*	auch

8

atque	und

12

grātiās agere	danken

20

1

poēta *m*	Dichter
prōvincia	Provinz
sinistra	linke Hand
liber, librī	Buch
bellum	Krieg
carmen, carminis *n*	Lied, Gedicht
comes, comitis *m/f*	Gefährte, Begleiter(in)
homō, hominis *m*	Mensch
imperātor, imperātōris *m*	Befehlshaber, Feldherr, Kaiser
multitūdō, multitūdinis *f*	große Zahl, Menge
urbs, urbis *f (Gen. Pl.* -ium)	Stadt, Hauptstadt

5

servāre, servō	bewahren, retten
placet *m. Dat.*	es gefällt jmd., jmd. beschließt
scīre, sciō	kennen, verstehen, wissen
legere, legō	lesen, auswählen
īnstituere, īnstituō	beginnen, einrichten, unterrichten
aspicere, aspiciō	erblicken
capere, capiō	nehmen, fassen, erobern

corripere, corripiō	ergreifen, gewaltsam an sich reißen
cupere, cupiō	verlangen, wünschen, wollen
facere, faciō	machen, tun, handeln

6

deinde *Adv.*	dann, darauf
eō *Adv.*	dorthin

7

an *(in der Frage)*	oder
-ne *(angehängt)*	*(unübersetzte Fragepartikel)*

11

1

īra	Zorn
lacrima	Träne
rīpa	Ufer
marītus	Ehemann
mūrus	Mauer
vir, virī	Mann
calamitās, calamitātis *f*	Schaden, Unglück, Niederlage
frāter, frātris *m*	Bruder

hostis, hostis *m* *(Gen. Pl.* -ium*)*	Feind (Landesfeind)
nex, necis *f*	Mord, Tod

3

egō *(betont)*	ich
mihi *Dat.*	mir
sē *Akk.*	sich

5

necāre, necō, necāvī	töten
complēre, compleō, complēvī	anfüllen, erfüllen
flēre, fleō, flēvī	beklagen, (be)weinen
prohibēre, prohibeō, prohibuī *(ā m. Abl.)*	abhalten (von), hindern (an)
tenēre, teneō, tenuī	besitzen, festhalten, halten
mūnīre, mūniō, mūnīvī	bauen, befestigen, schützen
alere, alō, aluī	ernähren, großziehen
colere, colō, coluī	bewirtschaften, pflegen; verehren
compōnere, compōnō, composuī	vergleichen
crēdere, crēdō	anvertrauen, glauben
dēpōnere, dēpōnō, dēposuī	ablegen, niederlegen, aufgeben
petere, petō, petīvī	(auf)suchen, (er)streben, bitten, verlangen

23

corripere, corripiō, **corripuī**	ergreifen, gewaltsam an sich reißen
cupere, cupiō, **cupīvī**	verlangen, wünschen, wollen
esse, sum, **fuī**	sein, sich befinden
posse, possum, **potuī**	können
nōlle, nōlō, **nōluī**	nicht wollen
velle, volō, **voluī**	wollen

6

frūstrā *Adv.* — vergeblich

8

enim *(nachgestellt)* — nämlich, in der Tat

9

ubi *Subj. m. Ind.* — sobald

10

ā / ab *Präp. m. Abl.* — von, von ... her

11

ō(h) — ach, oh!

12

(hostēs / urbem) petere — (Feinde / eine Stadt) angreifen

12

causa	Ursache, Sache, Prozess
mors, mortis *f (Gen. Pl.* -ium*)*	Tod
rēx, rēgis *m*	König
scelus, sceleris *n*	Verbrechen; Schurke
sors, sortis *f (Gen. Pl.* -ium*)*	Los, Orakelspruch, Schicksal

2

bonus, a, um	gut
magnus, a, um	groß, bedeutend
miser, misera, miserum	arm, erbärmlich, unglücklich
multus, a, um	viel
multa *n Pl.*	viel(es)
multī, ae	viele
superbus, a, um	stolz, überheblich
tōtus, a, um	ganz
(Gen. tōtīus, *Dat.* tōtī*)*	
tūtus, a, um *(ā m. Abl.)*	sicher (vor)
ultimus, a, um	der äußerste, der entfernteste, der letzte

5

īgnōrāre, īgnōrō	nicht kennen, nicht wissen
līberāre, līberō	befreien, freilassen
occupāre, occupō	besetzen, einnehmen

terrēre, terreō, terruī	erschrecken
timēre, timeō, timuī	Angst haben, fürchten
cognōscere, cognōscō, cognōvī	erkennen, kennenlernen
expellere, expellō	vertreiben, verbannen
inquit	sagt(e) er
(in die wörtl. Rede eingeschoben)	

6

ita *Adv.*	so

7

num *im dir. Fragesatz*	etwa?

8

et ... et	sowohl ... als auch

9

sī *Subj.*	falls, wenn

10

propter *Präp. m. Akk.*	wegen

12

magnā vōce	mit lauter Stimme
nōn īgnōrāre	genau wissen, gut kennen

1

sententia	Antrag (im Senat), Meinung
oppidum	Stadt
proelium	Kampf, Schlacht
labor, labōris *m*	Anstrengung, Arbeit
legiō, legiōnis *f*	Legion *(ca. 5000-6000 Mann)*
mīles, mīlitis *m*	Soldat
moenia, moenium *n Pl.*	(Stadt-)Mauern

2

alius, a, ud	ein anderer
altus, a, um	hoch, tief
cūnctī, ae, a	alle (zusammen)

3

mē *Akk.*	mich
meus, a, um	mein
nōbīs *Dat.*	uns
nōs *Nom. / Akk.*	wir / uns
noster, nostra, nostrum	unser
suus, a, um	ihr, sein
tibi *Dat.*	dir
tuus, a, um	dein
vōs *Nom. / Akk.*	ihr / euch

ūnus, a, um *(Gen.* ūnīus, *Dat.* ūnī)	ein(er), ein einziger

restāre, restō	übrigbleiben; Widerstand leisten
vocāre, vocō *(m. dopp. Akk.)*	rufen, nennen; bezeichnen als
cēnsēre, cēnseō, cēnsuī *(m. Akk.)*	meinen, einschätzen, seine Stimme abgeben (für)
manēre, maneō, mānsī *(m. Akk.)*	bleiben, warten (auf)
rīdēre, rīdeō, rīsī	lachen, auslachen
vidēre, videō, vīdī	sehen, darauf achten
aperīre, aperiō, aperuī	aufdecken, öffnen
venīre, veniō, vēnī	kommen
convenīre, conveniō, convēnī	besuchen, zusammenkommen, zusammenpassen
pervenīre, perveniō, pervēnī	kommen zu / nach
accēdere, accēdō, accessī	herbeikommen, hinzukommen
agere, agō, ēgī	handeln, treiben, verhandeln
āmittere, āmittō, āmīsī	aufgeben, verlieren
cōnsulere, cōnsulō, cōnsuluī *(dē m. Abl.)*	befragen, beraten über
dīcere, dīcō, dīxī	sagen, sprechen

dūcere, dūcō, dūxī	führen, ziehen
relinquere, relinquō, relīquī	unbeachtet lassen, verlassen, zurücklassen
vincere, vincō, vīcī	(be)siegen, übertreffen
aspicere, aspiciō, aspexī	erblicken
capere, capiō, cēpī	fassen, nehmen; erobern
facere, faciō, fēcī	machen, tun, handeln

6

equidem *Adv.*	(ich) allerdings, freilich
sōlum *Adv.*	nur
vērō *Adv.*	aber

10

postquam *Subj. m. Ind. Perf.*	nachdem

12

alius ... alius	der eine ... der andere
nōn sōlum ... sed etiam	nicht nur ... sondern auch
Rōmam	nach Rom
ūnus ex / dē *m. Abl.*	einer von

1

familia	Familie, Hausgemeinschaft
vīta	Leben, Lebensweise
exemplum	Beispiel, Vorbild
crīmen, crīminis *n*	Beschuldigung, Vorwurf, Verbrechen
virtūs, virtūtis *f*	Tapferkeit, Tüchtigkeit, Vortrefflichkeit, Leistung; *Pl.* gute Eigenschaften, Verdienste

2

clārus, a, um	berühmt, hell, klar
falsus, a, um	falsch
sōlus, a, um	allein, einzig

3

| quī, quae, quod | welcher, welche, welches; der, die, das |
| vester, vestra, vestrum | euer |

5

| appellāre, appellō *(m. dopp. Akk.)* | anrufen, nennen, bezeichnen (als) |
| cūrāre, cūrō *(m. Akk.)* | pflegen, sorgen für, besorgen |

dēspērāre, dēspērō (dē *m. Abl.*)	die Hoffnung aufgeben (auf), verzweifeln (an)
errāre, errō	(sich) irren
superāre, superō	besiegen, überragen, übertreffen
remanēre, remaneō, remānsī	(zurück)bleiben
studēre, studeō, studuī (*m. Dat.*)	sich (wissenschaftlich) beschäftigen, sich bemühen (um), streben (nach)
nescīre, nesciō, nescīvī	nicht wissen
dēcernere, dēcernō, dēcrēvī	beschließen, entscheiden, zuerkennen
dīmittere, dīmittō, dīmīsī	aufgeben, entlassen

6

imprīmīs *Adv.*	besonders, vor allem

8

neque	und nicht, auch nicht, nicht einmal

9

quia *Subj. m. Ind.*	weil

īnsidiae, īnsidiārum *f Pl.*	Falle, Attentat, Hinterlist
somnus	Schlaf
lūx, lūcis *f*	Licht, Tageslicht
nox, noctis *f (Gen. Pl.* -ium*)*	Nacht

paucī, ae, a	wenige
summus, a, um	der höchste, der letzte, der oberste

is, ea, id	dieser, diese, dieses; er, sie, es

duo, duae, duo	zwei
prīmus, a, um	der erste

accūsāre, accūsō	anklagen, beschuldigen
convocāre, convocō	versammeln
dare, dō, dedī	geben
excitāre, excitō	wecken, erregen, ermuntern
imperāre, imperō *(m. Dat.)*	befehlen, herrschen (über)
pōstulāre, pōstulō	fordern

restāre, restō, restitī	übrigbleiben; Widerstand leisten
stāre, stō, stetī	stehen
vītāre, vītō	meiden, vermeiden
monēre, moneō, monuī	(er)mahnen
respondēre, respondeō, respondī	antworten, entsprechen
animadvertere, animadvertō, animadvertī	bemerken, wahrnehmen
arcessere, arcessō, arcessīvī	herbeirufen, holen
attingere, attingō, attigī	berühren
claudere, claudō, clausī	abschließen, einschließen
contendere, contendō, contendī	eilen; sich anstrengen
currere, currō, cucurrī	eilen, laufen
dēfendere, dēfendō, dēfendī	abwehren, verteidigen, schützen
discēdere, discēdō, discessī	auseinandergehen, weggehen
expellere, expellō, expulī	vertreiben, verbannen
īnstituere, īnstituō, īnstituī	beginnen, einrichten, unterrichten
mittere, mittō, mīsī	(los)lassen, schicken, werfen
ostendere, ostendō, ostendī	zeigen, darlegen
pellere, pellō, pepulī	schlagen, vertreiben
surgere, surgō, surrēxī	sich aufrichten, sich erheben, aufstehen

profectō *Adv.*	sicherlich, tatsächlich

multā nocte	in tiefer Nacht
prīmā lūce	bei Tagesanbruch

16

1

cōpiae, cōpiārum *f Pl.*	Truppen
hōra	Stunde, Zeit
potentia	Macht
annus	Jahr
aurum	Gold
imperium	Befehl, Befehlsgewalt, Herrschaft, Herrschaftsgebiet
monumentum	Denkmal
rēgnum	(Königs-)Herrschaft, Reich
corpus, corporis *n*	Körper, Leichnam
nāvis, nāvis *f (Gen. Pl. -ium)*	Schiff

2

contentus, a, um *(m. Abl.)*	zufrieden (mit)
inimīcus, a, um	feindlich; *Subst.* Feind

novus, a, um	neu, ungewöhnlich
pulcher, pulchra, pulchrum	schön
vērus, a, um	echt, richtig, wahr
ingēns, ingentis	gewaltig, ungeheuer
potēns, potentis	mächtig, stark
vehemēns, vehementis	heftig, energisch, kritisch

3

sibi *Dat.*	sich

5

praestāre, praestō, praestitī *m. Dat.*	übertreffen
temperāre, temperō *m. Akk.*	lenken, ordnen
valēre, valeō, valuī	Einfluss haben, gesund sein, stark sein
adiungere, adiungō, adiūnxī	hinzufügen, anschließen
conicere, coniciō, coniēcī	(zusammen)werfen, folgern, vermuten
perspicere, perspiciō, perspexī	erkennen, genau betrachten, sehen

---
9

cum *Subj. m. Ind.*	(immer) wenn, als (plötzlich), (zu der Zeit) als

dum *Subj.*	während, solange, (so lange) bis
etsī *Subj.*	auch wenn, obwohl
quamquam *Subj.*	obwohl

12

multās hōrās	viele Stunden (lang)
multōs annōs	viele Jahre (lang)
sibi adiungere	für sich gewinnen
tōtum annum	das ganze Jahr *(wie lange?)*

17

1

| auctor, auctōris *m* | Anführer, Gründer, Ratgeber, Verfasser |
| caput, capitis *n* | Kopf, Haupt; Hauptstadt |

2

improbus, a, um	schlecht, unanständig
manifestus, a, um	offenkundig; überführt
nōnnūllī, ae, a	einige, manche

3

| nēmō, nēminis | niemand |

interrogāre, interrogō	fragen
putāre, putō	glauben, meinen
putāre *m. dopp. Akk.*	halten für
reperīre, reperiō, repperī	(wieder)finden
abdūcere, abdūcō, abdūxī	wegführen
committere, committō, commīsī	anvertrauen, veranstalten, zustande bringen
excēdere, excēdō, excessī	hinausgehen, weggehen
indūcere, indūcō, indūxī	(hin)einführen, verleiten
laedere, laedō, laesī	beschädigen, verletzen, beleidigen
quaerere, quaerō, quaesīvī	erwerben wollen, suchen
ruere, ruō, ruī	eilen, stürmen, stürzen
ēripere, ēripiō, ēripuī	entreißen
rapere, rapiō, rapuī	wegführen, rauben, wegreißen
adesse, adsum, adfuī	da sein; helfen

nūper *Adv.*	neulich, vor kurzem
prōtinus *Adv.*	sofort
quīn *Adv. (im Hauptsatz)*	vielmehr; warum nicht?

nēmō nescit	jeder weiß
scelus committere	ein Verbrechen begehen

1

animus	Geist, Mut, Gesinnung
umerus	Oberarm, Schulter
virgō, virginis *f*	Mädchen
vīs, *Akk.* vim, *Abl.* vī *f*	Gewalt, Kraft; Menge
vīrēs, vīrium *f*	(Streit-)Kräfte

2

angustus, a, um	eng, schwierig
plērīque, plēraeque, plēraque	die meisten, sehr viele

3

sēcum	mit sich, bei sich

5

exīstimāre, exīstimō	(ein)schätzen, meinen
negāre, negō	verneinen, leugnen; verweigern
oportet, oportuit	es ist nötig, es gehört sich
sentīre, sentiō, sēnsī	fühlen, meinen, wahrnehmen
concēdere, concēdō, concessī	erlauben, nachgeben, zugestehen
contendere, contendō, contendī	behaupten; eilen; sich anstrengen

crēscere, crēscō, crēvī	wachsen
dēficere, dēficiō, dēfēcī	abnehmen, ermatten; verlassen, ausgehen

_____ 6

ante _Adv._	vorher
immō (vērō) _Adv._	ja sogar, vielmehr; im Gegenteil
iterum _Adv._	wiederum
paene _Adv._	fast, beinahe
vērō _Adv._	aber; in der Tat, wirklich

_____ 12

animō dēficere	den Mut sinken lassen
iterum atque iterum	immer wieder
nōn dēbēre	nicht dürfen
paulō ante	kurz vorher
quaerere ex _m. Abl._	jmd. fragen
tōtam noctem	die ganze Nacht hindurch

nauta *m*	Seemann, Matrose
pīrāta *m*	Pirat, Seeräuber
unda	Welle, Gewässer
ventus	Wind
celeritās, celeritātis *f*	Schnelligkeit
fīnis, is *m (Gen. Pl.* -ium)	Grenze, Ende; Ziel, Zweck; *Pl.* Gebiet
mare, maris *n (Gen. Pl.* -ium)	Meer

2

captīvus, a, um	gefangen; *Subst.* (Kriegs-)Gefangener
cēterī, ae, a	die übrigen
obscūrus, a, um	dunkel, unbekannt
scelerātus, a, um	verbrecherisch, schädlich; *Subst.* Verbrecher

5

dēsīderāre, dēsīderō *m. Akk.*	sich sehnen nach, vermissen
observāre, observō	beobachten
turbāre, turbō	durcheinanderbringen, stören
volāre, volō	fliegen; eilen
sedēre, sedeō, sēdī	sitzen

quiēscere, quiēsco, quiēvī	(aus)ruhen; schlafen
trahere, trahō, trāxī	ziehen, schleppen

7

quotiēns	wie oft, so oft

8

at	aber, jedoch, dagegen
neque ... neque	weder ... noch

12

in tūtō	in Sicherheit
ō nōs miserōs	Ach, wir Armen / Unglücklicher!

20

1

fortūna	Glück, Schicksal
praeda	Beute
classis, classis *f (Gen. Pl.* -ium)	Flotte; Abteilung

2

grātus, a, um	dankbar, willkommen, beliebt
probus, a, um	anständig, gut
celer, celeris, celere	schnell
facilis, e	leicht (zu tun)
fortis, e	tapfer, kräftig

nōbilis, e	adelig, berühmt, vornehm
omnis, e	ganz, jeder; *Pl.* alle

5

īnstāre, īnstō, īnstitī	bevorstehen, hart zusetzen
cōnsistere, cōnsistō, cōnstitī	haltmachen, sich aufstellen
dēserere, dēserō, dēseruī	im Stich lassen, verlassen
fallere, fallō, fefellī	täuschen, betrügen
regere, regō, rēxī	lenken, leiten; beherrschen
fugere, fugiō, fūgī *m. Akk.*	fliehen (vor), meiden
īre, eō, iī	gehen
adīre, adeō, adiī *m. Akk.*	herantreten (an), bitten
inīre, ineō, iniī	hineingehen; beginnen
perīre, pereō, periī	zugrunde gehen, umkommen
trānsīre, trānseō, trānsiī	hinübergehen, überschreiten, durchqueren

12

periī	ich bin verloren

21

	1
dolus	List, Täuschung
posterī, posterōrum *m Pl.*	die Nachkommen
fātum	Schicksal, Götterspruch
lītus, lītoris *n*	Küste, Strand
regiō, regiōnis *f*	Gebiet, Gegend, Richtung

	2
pius, a, um	fromm, gerecht, pflicht-bewusst
crūdēlis, e	grausam
trīstis, e	traurig, unfreundlich

	5
dōnāre, dōnō	schenken
iubēre, iubeō, iussī *(m. Akk.)*	anordnen, befehlen
crēdere, crēdō, crēdidī	anvertrauen, glauben
dēsinere, dēsinō, dēsiī	aufhören
prōmittere, prōmittō, prōmīsī	versprechen

	6
nimis *Adv.*	(all)zu, (all)zu sehr
tam *Adv.*	so

43

| sē gerere | sich verhalten |
| sponte meā (tuā, suā) | freiwillig, aus eigener Kraft, von selbst |

22

1

| glōria | Ehre, Ruhm |
| orbis, orbis *m (Gen. Pl.* -ium*)* | Kreis(lauf); Erdkreis, Welt |

5

aedificāre, aedificō	bauen
augēre, augeō, auxī	vermehren, vergrößern
condere, condō, condidī	erbauen, gründen
parcere, parcō, pepercī *m. Dat.*	schonen, sparen

23

cūra	Sorge, Pflege
superbia	Stolz, Überheblichkeit
lēgātus	Gesandter, Bevollmächtigter
ōrāculum	Orakel, Götterspruch, Orakelstätte
supplicium	flehentliches Bitten; Strafe, Hinrichtung
cīvitās, cīvitātis *f*	Bürgerrecht; Gemeinde, Staat
lēgātiō, lēgātiōnis *f*	Gesandtschaft
sacerdōs, sacerdōtis *m/f*	Priester(in)

2

iūcundus, a, um	angenehm, erfreulich
libēns, libentis	gern
turpis, e	(sittlich) schlecht, hässlich, schändlich

5

cōnfirmāre, cōnfirmō	bekräftigen, ermutigen, stärken
cingere, cingō, cinxī	umgeben, umzingeln
flectere, flectō, flexī	biegen, (hin)lenken, umstimmen

intellegere, intellegō, intellēxī	(be)merken, verstehen
statuere, statuō, statuī	aufstellen, beschließen, festsetzen
adicere, adiciō, adiēcī	hinzufügen
exīre, exeō, exiī	herausgehen
redīre, redeō, rediī	zurückgehen, zurückkehren

6

aliter *Adv.*	anders, sonst
anteā *Adv.*	vorher, früher
intus *Adv.*	im Inneren, innen
tandem *Adv.*	*im Aussagesatz* endlich; *im Fragesatz* denn eigentlich
ut *Adv.*	wie

7

quandō?	wann?

8

ac (~ atque)	und, und auch

12

Delphōs	nach Delphi
facere fīnem *m. Gen.*	beenden, aufhören (mit)
multum valēre	viel gelten
sortem dare	einen Orakelspruch geben

1

fābula	Geschichte, Erzählung, Theaterstück
tenebrae, tenebrārum *f Pl.*	Dunkelheit, Finsternis
locus	Ort, Platz, Stelle
philosophus	Philosoph
ferrum	Eisen, Waffe
mōnstrum	Wunderzeichen; Ungeheuer, Gespenst
silentium	Schweigen, Stille
vinculum	Band, Fessel; *Pl.* Gefängnis
tempus, temporis *n*	(günstige) Zeit; *Pl.* Umstände

2

amplus, a, um	weit, groß, bedeutend
antīquus, a, um	alt, altertümlich
īgnōtus, a, um	unbekannt
līber, lībera, līberum	frei
mīrus, a, um	wunderbar, erstaunlich
nocturnus, a, um	nächtlich
gravis, e	schwer
incrēdibilis, e	unglaublich

tālis, e	derartig, ein solcher, so (beschaffen)

perturbāre, perturbō	in Verwirrung, bringen
continēre, contineō, continuī	festhalten
commovēre, commoveō, commōvī	bewegen, veranlassen
movēre, moveō, mōvī	bewegen
permovēre, permoveō, permōvī	beunruhigen, veranlassen
perterrēre, perterreō, perterruī	sehr erschrecken, einschüchtern
invenīre, inveniō, invēnī	finden, erfinden
condūcere, condūcō, condūxī	zusammenführen; anwerben, mieten
prōcēdere, prōcēdō, prōcessī	(vorwärts)gehen, vorrücken
sinere, sinō, sīvī	lassen, erlauben
abesse, absum, āfuī	abwesend sein, fehlen
abīre, abeō, abiī	weggehen

modo *Adv.*	eben (noch)

mox *Adv.*	bald, dann
quondam *Adv.*	einst, einmal; manchmal

12

Athēnās	nach Athen
Athēnīs	in Athen
salūtem dīcere *m. Dat.*	jmd. grüßen
valē	leb wohl!

25

1

campus	Feld, freier Platz, Ebene
officium	Dienst, Pflicht(gefühl)
cīvis, cīvis *m (Gen. Pl.* -ium*)*	Bürger
nōmen, nōminis *n*	Name
prex, precis *f*	Bitte; *Pl.* Gebet
religiō, religiōnis *f*	Glauben, (Gottes-)Verehrung, Frömmigkeit, Gewissenhaftigkeit; Aberglaube
sanguis, sanguinis *m*	Blut

2

longus, a, um	lang, weit
pūblicus, a, um	öffentlich, staatlich

complūrēs, complūra *(Gen.* complūrium*)*	mehrere
supplex, supplicis	demütig bittend

dare, dō, dedī, datum	geben
mandāre, mandō	einen Auftrag geben, übergeben
augēre, augeō, auxī, auctum	vermehren, vergrößern
cēnsēre, cēnseō, cēnsuī, cēnsum *(m. Akk.)*	meinen, einschätzen, seine Stimme abgeben (für)
commovēre, commoveō, commōvī, commōtum	bewegen, veranlassen
dēbēre, dēbeō, dēbuī, dēbitum	müssen, sollen; schulden
habēre, habeō, habuī, habitum	haben, halten
movēre, moveō, mōvī, mōtum	bewegen
vidēre, videō, vīdī, vīsum	sehen, darauf achten
agere, agō, ēgī, āctum	handeln, treiben, verhandeln
colere, colō, coluī, cultum	bewirtschaften, pflegen; verehren
dēligere, dēligō, dēlēgī, dēlēctum	(aus)wählen
dūcere, dūcō, dūxī, ductum	führen, ziehen
īnstruere, īnstruō, īnstrūxī, īnstrūctum	aufstellen, ausrüsten; unterrichten
legere, legō, lēgī, lēctum	lesen, auswählen

mittere, mittō, mīsī, missum	(los)lassen, schicken, werfen
pōnere, pōnō,	(auf)stellen, (hin)legen,
posuī, positum	setzen
excipere, excipiō,	aufnehmen, eine Ausnahme
excēpī, exceptum	machen
interficere, interficiō,	töten, vernichten
interfēcī, interfectum	
respicere, respiciō,	zurückblicken;
respexī, respectum	berücksichtigen

6

illīc *Adv.*	dort
palam *Adv.*	bekannt, in der Öffentlichkeit
pariter *Adv.*	ebenso, gleichzeitig
paulātim *Adv.*	allmählich

10

circum *Präp. m. Akk.*	um ... herum, rings um

1

miseria	Not, Elend, Unglück
tabula	Tafel, Gemälde; Aufzeichnung
triumphus	Triumph(zug)
argentum	Silber
sīgnum	Merkmal, Zeichen; Statue
spectāculum	Schauspiel
aes, aeris *n*	Erz, Geld
dīgnitās, dīgnitātis *f*	Würde, Ansehen; (gesellschaftliche) Stellung
dux, ducis *m*	Anführer
eques, equitis *m*	Reiter, Ritter

2

aureus, a, um	golden
nimius, a, um	übermäßig, zu groß
praeclārus, a, um	großartig
prīstinus, a, um	früher
rēgius, a, um	königlich
mortālis, e	sterblich; *Subst.* Mensch
victor, victōris *m*	Sieger; *Adj.* siegreich

hic, haec, hoc	dieser, diese, dieses (hier); folgender
ille, illa, illud	jener, jene, jenes
tantus, a, um	so groß, so viel

ambō, ambae, ambō	beide (zusammen)

permovēre, permoveō, permōvī, permōtum	beunruhigen, veranlassen
incēdere, incēdō, incessī, incessum *(m. Akk.)*	heranrücken, eintreten; (jmd.) befallen
vincere, vincō, vīcī, victum	(be)siegen, übertreffen
capere, capiō, cēpī, captum	fassen, nehmen; erobern
cōnficere, cōnficiō, cōnfēcī, cōnfectum	beenden, fertigmachen
facere, faciō, fēcī, factum	machen, tun, handeln

illūc *Adv.*	dahin, dorthin
simul *Adv.*	zugleich, gleichzeitig

27

---

fuga	Flucht
pūgna	Kampf
sententia	Antrag (im Senat), Meinung; Satz, Sinn
pōns, pontis *m*	Brücke
timor, timōris *m*	Angst, Furcht

---

adversus, a, um	entgegengesetzt, feindlich
dīvīnus / dīvus, a, um	göttlich
īnfēstus, a, um	feindlich, feindselig
recēns, recentis	frisch, neu

---

indicāre, indicō	anzeigen, melden
optāre, optō	wünschen
temptāre, temptō	angreifen; prüfen, versuchen
frangere, frangō, frēgī, frāctum	zerbrechen
redūcere, redūcō, redūxī, reductum	zurückführen, zurückziehen
accipere, accipiō, accēpī, acceptum	aufnehmen, erhalten, erfahren

		6
igitur *Adv.*	also, folglich	
intereā *Adv.*	inzwischen, unterdessen	

		9
nisī *Subj.*	wenn nicht	

		12
fugā salūtem petere	die Rettung in der Flucht suchen, die Flucht ergreifen	

28

		1
nātūra	Beschaffenheit, Natur, Wesen	
silva	Wald	
ager, agrī *m*	Acker, Feld, Gebiet	
membrum	Glied, Körperteil	
vestīgium	Fußsohle, Spur, Stelle	
amor, amōris *m*	Liebe	
arbor, arboris *f*	Baum	
auris, auris *f (Gen. Pl.* -ium*)*	Ohr	
dolor, dolōris *m*	Schmerz	
iuvenis, iuvenis *m*	junger Mann; *Adj.* jung	

nihil / nīl	nichts

vetāre, vetō, vetuī	verhindern, verbieten
ārdēre, ārdeō, ārsī	brennen
accendere, accendō, accendī, accēnsum	anfeuern, anzünden
dīcere, dīcō, dīxī, dictum	sagen, sprechen
occurrere, occurrō, occurrī	begegnen, entgegentreten
repellere, repellō, reppulī, repulsum	zurückstoßen, abweisen, vertreiben
repetere, repetō, repetīvī, repetītum	(zurück)verlangen, wiederholen
solvere, solvō, solvī, solūtum	auflösen, bezahlen, lösen
tangere, tangō, tetigī, tāctum	berühren
recipere, recipiō, recēpī, receptum	aufnehmen, wiederbekommen, zurücknehmen

dēmum *Adv.*	endlich
hinc *Adv.*	von hier, hierauf
hūc *Adv.*	hierher
rūrsus *Adv.*	wieder

magis *Adv.*	mehr, eher

10

inter *Präp. m. Akk.*	unter, während; zwischen

12

amōre accēnsus	in Liebe entflammt, verliebt
sē recipere	sich zurückziehen

29

1

audācia	Frechheit, Kühnheit
epistula	Brief
vigilia	Nachtwache, (Wach-)Posten
lectus	Bett, Liegesofa
bonum	das Gut(e)
tēctum	Dach, Haus
sōlācium	Trost(mittel)
arx, arcis *f (Gen. Pl. -ium)*	Burg
coniūnx, coniugis *m/f*	Gatte, Gattin
ops, opis *f*	Hilfe; Kraft;
	Pl. Macht, Mittel, Reichtum

2

perpetuus, a, um	dauerhaft, ewig

ipse, ipsa, ipsum	(er, sie, es) selbst
(Gen. ipsīus, *Dat.* ipsī*)*	
nūllus, a, um	kein
(Gen. nūllīus, *Dat.* nūllī*)*	

agitāre, agitō	betreiben, überlegen
iacēre, iaceō, iacuī	liegen
sustinēre, sustineō, sustinuī	ertragen, standhalten
cōnsūmere, cōnsūmō, cōnsūmpsī, cōnsūmptum	verbrauchen, verwenden
contingere, contingō, contigī, contāctum	berühren; gelingen
dēserere, dēserō, dēseruī, dēsertum	im Stich lassen, verlassen
metuere, metuō, metuī	(sich) fürchten
nūbere, nūbō, nūpsī, nūptum *m. Dat.*	heiraten
perdere, perdō, perdidī, perditum	verlieren, verschwenden, zugrunde richten
premere, premō, pressī, pressum	(unter)drücken, bedrängen
ēicere, ēiciō, ēiēcī, ēiectum	hinauswerfen, vertreiben

| suscipere, suscipiō, suscēpī, susceptum *m. Akk.* | auf sich nehmen, sich (einer Sache) annehmen, unternehmen |
| opus est *m. Abl.* | es ist nötig, man braucht |

6

| vix *Adv.* | kaum, (nur) mit Mühe |

12

| cōnsulere in *m. Akk.* | Maßnahmen ergreifen gegen |
| timōre agitārī | von Furcht gequält werden |

30

1

terra	Erde, Land
caelum	Himmel
domus, domūs *f*	Haus
flūctus, flūctūs *m*	Flut, Strömung
gemitus, gemitūs *m*	Seufzen, Stöhnen; Traurigkeit
lūctus, lūctūs *m*	Trauer
magistrātus, magistrātūs *m*	Amt; Beamter
manus, manūs *f*	Hand
metus, metūs *m*	Angst

mōtus, mōtūs *m*	Bewegung
senātus, senātūs *m*	Senat, Senatsversammlung, Rat

2

plēnus, a, um *(m. Gen.)*	voll (von / mit)
sacer, sacra, sacrum *(m. Gen.)*	geweiht, heilig
memor, memoris *m. Gen.*	in Erinnerung an

3

īdem, eadem, idem	derselbe, der gleiche

5

nōmināre, nōminō	nennen
persuādēre, persuādeō, persuāsī, persuāsum *m. Dat.*	überzeugen *(mit AcI / Inf.)*
cadere, cadō, cecidī	fallen
dēmittere, dēmittō, dēmīsī, dēmissum	hinabschicken, sinken lassen
neglegere, neglegō, neglēxī, neglēctum	nicht (be)achten, vernachlässigen
tendere, tendō, tetendī, tentum	sich anstrengen, spannen; (aus)strecken
vertere, vertō, vertī, versum	drehen, wenden
vīvere, vīvō, vīxī	leben

quārē	*rel. Satzanschluss:* deshalb

intrā *Präp. m. Akk.*	innerhalb (von)

mōtus terrae	Erdbeben

31

disciplīna	Disziplin, Lehre
inopia	Mangel, Not
philosophia	Philosophie
modus	Art, Weise; Maß
fūnus, fūneris *n*	Begräbnis, Untergang
pars, partis *f (Gen. Pl.* -ium*)*	Richtung, Seite, Teil
patrēs (cōnscrīptī), patrum (cōnscrīptōrum) *m Pl.*	Senatoren

acerbus, a, um	bitter, grausam, rücksichtslos
necessārius, a, um	notwendig
adulēscēns, adulēscentis	jung; *Subst.* junger Mann

aestimāre, aestimō	einschätzen, beurteilen
damnāre, damnō *(m. Gen.)*	verurteilen (wegen)
mūtāre, mūtō	(ver)ändern, verwandeln
vindicāre, vindicō in *m. Akk.*	vorgehen gegen
docēre, doceō, docuī, doctum	lehren, unterrichten
exercēre, exerceō, exercuī	üben, trainieren; quälen
cognōscere, cognōscō, cognōvī, cognitum	erkennen, kennenlernen
corrumpere, corrumpō, corrūpī, corruptum	bestechen, verderben
exstinguere, exstinguō, exstīnxī, exstīnctum	auslöschen, vernichten
pellere, pellō, pepulī, pulsum	schlagen, vertreiben
reprehendere, reprehendō, reprehendī, reprehēnsum	kritisieren, wieder aufgreifen
resistere, resistō, restitī	stehenbleiben; Widerstand leisten
tollere, tollō, sustulī, sublātum	aufheben, in die Höhe heben, wegnehmen
incipere, incipiō, incēpī (coepī), inceptum	anfangen, beginnen
interest *(m. Gen.)*	es ist wichtig (für jmd.)

male *Adv.*	schlecht, schlimm

aurēs praebēre	Gehör schenken, zuhören
magnī aestimāre	hochschätzen

32

venia	Gefallen, Nachsicht, Verzeihung
socius	Gefährte, Verbündeter
flāgitium	Gemeinheit, Schandtat
cūstōs, cūstōdis *m/f*	Wächter(in)
facinus, facinoris *n*	Handlung, Untat
honor / honōs, honōris *m*	Ehre, Ehrenamt
lēx, lēgis *f*	Gesetz, Bedingung
mēns, mentis *f (Gen. Pl.* -ium)	Geist, Sinn, Verstand; Meinung
aditus, aditūs *m*	Zugang
exercitus, exercitūs *m*	Heer

armātus, a, um	bewaffnet
honestus, a, um	angesehen, ehrenhaft
invītus, a, um	ungern, gegen den Willen
difficilis, e	schwierig

impetrāre, impetrō	erreichen, durchsetzen
obsecrāre, obsecrō	anflehen, bitten
audēre, audeō	wagen
cavēre, caveō, cāvī, cautum *(m. Akk.)*	sich hüten (vor), Vorsorge treffen
obtinēre, obtineō, obtinuī	(in Besitz) nehmen, (besetzt) halten
colligere, colligō, collēgī, collēctum	sammeln
committere, committō, commīsī, commissum	anvertrauen, veranstalten, zustande bringen
condere, condō, condidī, conditum	erbauen, gründen; verwahren, verbergen, bestatten
cōnstituere, cōnstituō, cōnstituī, cōnstitūtum	festsetzen, beschließen
occīdere, occīdō, occīdī, occīsum	niederschlagen, töten

ūnā *Adv.*	zugleich, zusammen

Creonte auctōre	auf Veranlassung Kreons
Creonte invītō	gegen den Willen Kreons
Polynīce duce	unter der Führung des Polyneikes
proelium committere	eine Schlacht schlagen

33

flamma	Feuer, Flamme
malum	Leid, Übel, Unglück
furor, furōris *m*	Wahnsinn, Wut
ratiō, ratiōnis *f*	Grund, Vernunft, Überlegung; Berechnung; Art und Weise
adventus, adventūs *m*	Ankunft
diēs, diēī *m*	Tag
fidēs, fideī *f*	Glaube, Treue, Vertrauen, Zuverlässigkeit
rēs, reī *f*	Angelegenheit, Ding, Sache
spēs, speī *f*	Erwartung, Hoffnung

| vāstus, a, um | riesig; öde, verwüstet |
| levis, e | leicht, leichtsinnig |

| quisnam, quidnam | wer denn, was denn? |

dubitāre, dubitō	zögern; zweifeln
praestāre, praestō, praestitī	*m. Dat.* übertreffen; *m. Akk.* gewähren, leisten, zeigen
sollicitāre, sollicitō	aufhetzen, beunruhigen, erregen
torquēre, torqueō, torsī, tortum	drehen, quälen, schleudern
libet, libuit	es gefällt
pudet, puduit	es beschämt
accidere, accidō, accidī	geschehen, sich ereignen
cēdere, cēdō, cessī, cessum	gehen, nachgeben, weichen
cōgere, cōgō, coēgī, coāctum	(ver)sammeln, zwingen
dēdere, dēdō, dēdidī, dēditum	ausliefern, übergeben
incendere, incendō, incendī, incēnsum	entflammen, in Brand stecken

dēesse, dēsum, dēfuī	abwesend sein, fehlen
subīre, subeō,	auf sich nehmen, heran-
subiī, subitum	gehen

6

quasi *Adv.*	gleichsam, geradezu, fast
satis *Adv.*	genug

7

quō	wie, wo, wohin

12

amōre captus	von Liebe ergriffen, verliebt
diēs noctēsque	Tage und Nächte (lang)
	(wie lange?)
fidem praestāre	die Treue halten
labōrēs subīre	Arbeiten verrichten
rēs adversae	unglückliche Umstände, Unglück
vītam agere	(sein) Leben führen

34

1

umbra	Schatten
nūmen, nūminis *n*	Gottheit, göttlicher Wille
īgnis, īgnis *m (Gen. Pl.* -ium)	Feuer
sēdēs, sēdis *f*	Platz, Sitz, Wohnsitz

2

cārus, a, um	lieb, teuer, wertvoll
parvus, a, um	klein, gering
saevus, a, um	schrecklich, wild, wütend
ācer, ācris, ācre	energisch, heftig, scharf
commūnis, e	gemeinsam, allgemein
dulcis, e	angenehm, süß
familiāris, e	freundschaftlich, vertraut; *Subst.* Freund

5

līberāre (ā / ab) *m. Abl.*	befreien von
carēre, careō, caruī *m. Abl.*	frei sein von, nicht haben
retinēre, retineō, retinuī	behalten, festhalten, zurückhalten
ēvenīre, ēveniō, ēvēnī, ēventum	sich ereignen
dēfendere ā / ab *m. Abl.*	verteidigen gegen, schützen vor

ēdūcere, ēdūcō, ēdūxī, ēductum	herausführen
reddere, reddō, reddidī, redditum *m. dopp. Akk.*	jmd. zu etwas machen
cōnspicere, cōnspiciō, cōnspexī, cōnspectum	erblicken
effugere, effugiō, effūgī *(m. Akk.)*	entfliehen, entkommen
facere *m. dopp. Akk.*	jmd. zu etwas machen

6

saepe *Adv.*	oft

10

extrā *Präp. m. Akk.*	außerhalb (von)

12

sē praebēre *(m. Akk.)*	sich zeigen (als), sich erweisen (als)

35

1

lingua	Rede, Sprache
pretium	Preis, Wert, Geld
portus, portūs *m*	Hafen
ūsus, ūsūs *m*	Benutzung, Nutzen

2

dīversus, a, um	entgegengesetzt, feindlich, verschieden
maximus, a, um	der größte, sehr groß
minimus, a, um	der kleinste, der geringste
optimus, a, um	der beste, sehr gut
plūrimī, ae, a	sehr viele

5

cōnstāre, cōnstō, cōnstitī	feststehen; kosten
lavāre, lavō, lāvī, lautum	waschen, reinigen
cōnsulere, cōnsulō, cōnsuluī, cōnsultum	*m. Akk.* befragen
	dē *m. Abl.* beraten über
	in *m. Akk.* Maßnahmen ergreifen gegen
	m. Dat. sorgen für
emere, emō, ēmī, ēmptum	kaufen
sūmere, sūmō, sūmpsī, sūmptum	nehmen

70

vehere, vehō, vēxī, vectum fahren, tragen, ziehen

6

maximē *Adv.*   am meisten, besonders
quippe *Adv.*   freilich
scīlicet *Adv.*   freilich, natürlich, selbstverständlich

12

cūrae esse *m. Dat.*   jmd. Sorge bereiten, jmd. wichtig sein

honōrī esse *m. Dat.*   jmd. Ehre verschaffen
magnō cōnstāre   viel kosten, teuer sein
magnō pretiō emere / vendere   (für einen hohen Preis) teuer kaufen / verkaufen

manus manum lavat   eine Hand wäscht die andere
ūsuī esse   von Nutzen sein

	1
ingenium	Begabung, Talent
ōtium	freie Zeit, Ruhe (von berufl. Tätigkeit)
genus, generis *n*	Abstammung, Art, Geschlecht
voluptās, voluptātis *f*	Lust, Vergnügen
sūmptus, sūmptūs *m*	der Aufwand, die Kosten
	2
ēgregius, a, um	ausgezeichnet, hervorragend
varius, a, um	bunt, verschieden, vielfältig
mīlitāris, e	Kriegs-, militärisch
	3
aliquis, aliquid *(Gen.* alicuius *usw.)*	(irgend)jemand
	5
cēnāre, cēnō	essen
pertinēre, pertineō *(*ad *m. Akk.)*	betreffen, gehören (zu), sich erstrecken (bis)
nōscere, nōscō, nōvī, nōtum	erkennen, kennenlernen
nō(vi)sse, nōvī *Perf.*	kennen, wissen

praeesse, praesum, praefuī *m. Dat.*	an der Spitze stehen, leiten

6

inde *Adv.*	von dort; darauf; deshalb
multum *Adv.*	sehr, viel
postrēmō *Adv.*	schließlich
rēctē *Adv.*	geradeaus, richtig, zu Recht

10

ob *Präp. m. Akk.*	wegen; für

12

nōmine	namens, mit Namen
nōn modo ... sed etiam	nicht nur ... sondern auch
quid ad rem pertinet?	was tut das zur Sache?
quid novī?	was an Neuigkeiten?
quis vestrum?	wer von euch?
rē vērā	in Wirklichkeit, tatsächlich
sūmptūs facere	Ausgaben tätigen
ubī terrārum?	wo in aller Welt?

1

memoria	Erinnerung, Gedächtnis; Zeit
statūra	Gestalt, Statur
morbus	Krankheit
praesidium	(Wach-)Posten, Schutztruppe
theātrum	Theater
aedis, aedis *f (Gen. Pl. -ium)*	Tempel; *Pl.* Haus, Gebäude
condiciō, condiciōnis *f*	Bedingung, Lage, Verabredung
magnitūdō, magnitūdinis *f*	Größe

2

impius, a, um	gottlos, gewissenlos
laetus, a, um	froh; fruchtbar

3

ēiusmodī *indekl.*	derartig, so beschaffen
quīdam, quaedam, quoddam *(Akk. Sg.* quendam, quandam)	ein gewisser, (irgend)ein(er); *Pl.* einige

---
5

āvertere, āvertō, āvertī, āversum	abwenden, vertreiben

cernere, cernō	sehen, bemerken
dēscendere, dēscendō, dēscendī, dēscēnsum	herabsteigen
scrībere, scrībō, scrīpsī, scrīptum	beschreiben, schreiben
vīsere, vīsō, vīsī, vīsum	besichtigen, besuchen
ferre, ferō, tulī, lātum	bringen, tragen; ertragen
afferre, afferō, attulī, allātum	bringen, herbeibringen, mitbringen; melden
auferre, auferō, abstulī, ablātum	rauben, wegbringen
cōnferre, cōnferō, cōntulī, collātum	vergleichen, zusammen-tragen

6

forās *Adv.*	heraus, hinaus *(wohin?)*
minus *Adv.*	weniger
postrēmō *Adv.*	schließlich; kurz(gesagt)
prius *Adv.*	früher, zuerst
quam *Adv.*	als, wie
tunc *Adv.*	damals, dann

8

atque / ac	und, und auch; *im Vergleich:* wie, als

| illud philosophōrum | jenes bekannte Wort der Philosophen |
| memoriā tenēre | im Gedächtnis behalten |

38

1

lībertīnus	Freigelassener
laus, laudis *f*	Lob, Ruhm
ōs, ōris *n*	Gesicht, Mund
pēs, pedis *m*	Fuß

2

idōneus, a, um	geeignet, passend
rārus, a, um	selten, vereinzelt
dīligēns, dīligentis	gewissenhaft, sorgfältig
dīves, dīvitis	reich
mollis, e	weich, angenehm; freundlich

4

| singulus, a, um | je ein, jeder einzelne |
| trēs, trēs, tria | drei |

5

| cantāre, cantō | singen |

spectāre, spectō	betrachten, hinsehen; anstreben
impōnere, impōnō, imposuī, impositum	auferlegen, (hin)einsetzen

6

nōndum *Adv.*	noch nicht
modo *Adv.*	eben (noch); nur
nimium *Adv.*	(all)zu, (all)zu sehr

7

quārē	weshalb, wodurch; *rel. Satzanschluss:* deshalb
unde	woher

10

hercule(s)!	beim Herkules!

12

bona animī	innere Werte
in ōre omnium esse	in aller Munde sein
laudī esse	lobenswert sein
mihi magnae cūrae est	es ist mir sehr wichtig
quid āctum est?	was ist passiert?

39

1

littera	Buchstabe; *Pl.* Brief; Literatur, Wissenschaft
poena	Strafe
numerus	Menge, Zahl
iūdicium	Gericht, Urteil
vulgus, vulgī *n*	die Leute (aus dem Volk), der Pöbel, die große Masse
iuventūs, iuventūtis *f*	Jugend
nōbilitās, nōbilitātis *f*	Adel, vornehme Abstammung
ōrdō, ōrdinis *m*	Ordnung, Reihe, Stand
plēbs, plēbis *f*	(nicht adeliges, einfaches) Volk
potestās, potestātis *f*	(Amts-)Gewalt, Macht
sermō, sermōnis *m*	Äußerung, Gerede, Gespräch, Sprache
sīdus, sīderis *n*	Stern, Sternbild
manus, manūs *f*	Hand; Schar (von Bewaffneten)
versus, versūs *m*	Zeile, Vers

| frequēns, frequentis | häufig, zahlreich |

aperīre, aperiō, aperuī, apertum	aufdecken, öffnen
cōnsuēscere, cōnsuēscō, cōnsuēvī, cōnsuētum	sich gewöhnen (an); *Perf.:* gewohnt sein
discere, discō, didicī	lernen, erfahren
trādere, trādō, trādidī, trāditum	übergeben, überliefern
rapere, rapiō, rapuī, raptum	wegführen, rauben, wegreißen

| plūrimum *Adv.* | am meisten, sehr viel |

| aut | oder |

| tametsī | obwohl |

| causā *(nachgestellt) m. Gen.* | wegen |

causam afferre	als Grund nennen
litterīs mandāre	schriftlich festhalten, aufschreiben
memoriae studēre	das Gedächtnis üben

multum / omnia posse	(viel / alles können);
	große / unumschränkte Macht
	haben

40

amīcitia	Freundschaft
licentia	Freiheit, Willkür
vīcus	Dorf, Gasse
auxilium	Hilfe; *Pl.* Hilfstruppen
castra, castrōrum *n Pl.*	Lager
auctōritās, auctōritātis *f*	Ansehen, Einfluss, Macht
lībertās, lībertātis *f*	Freiheit
obses, obsidis *m/f*	Geisel
prīnceps, prīncipis *m*	der Erste, der führende
	Mann

4

| centum *indekl.* | hundert |

5

| dēmōnstrāre, dēmōnstrō | beweisen, darlegen |
| revocāre, revocō | zurückrufen |

addūcere, addūcō, addūxī, adductum	heranführen, veranlassen
cōnscrībere, cōnscrībō, cōnscrīpsī, cōnscrīptum	aufschreiben, verfassen
cōnsīdere, cōnsīdō, cōnsēdī	sich setzen, sich niederlassen
contendere, contendō, contendī	eilen; sich anstrengen, kämpfen; behaupten
pōscere, pōscō, popōscī	fordern, verlangen
efficere, efficiō, effēcī, effectum	bewirken, herstellen
referre, referō, rettulī, relātum	(zurück)bringen, berichten

6

adhūc *Adv.*	bis jetzt, noch
facile *Adv.*	leicht (zu tun)

9

cum *Subj. m. Konj.*	als, nachdem; weil; obwohl; während (dagegen)
nē *Subj. m. Konj.*	dass nicht, damit nicht; dass *(nach Ausdrücken des Fürchtens und Hinderns)*
ut *Subj. m. Konj.*	dass, sodass, damit

dēficere ā *m. Abl.*	abfallen von
mīlitēs cōnscrībere	Soldaten anwerben
novīs rēbus studēre	nach Umsturz streben
timēre, nē	fürchten, dass

41

1

laetitia	Freude
vīlla	Haus, Landhaus
beneficium	Wohltat
frūmentum	Getreide
ōtium	freie Zeit, Ruhe (von berufl. Tätigkeit); Frieden
aetās, aetātis *f*	Lebensalter, Zeitalter, Zeit
ars, artis *f (Gen. Pl.* -ium*)*	Eigenschaft, Fertigkeit, Kunst
testis, testis *m/f (Gen. Pl.* -ium*)*	Zeuge
flūmen, flūminis *n*	Fluss
frūctus, frūctūs *m*	Ertrag, Frucht, Nutzen
speciēs, speciēī *f*	Anblick, Aussehen, Schein

2

apertus, a, um	offen, offenkundig

quantus, a, um	wie groß, wie viel

labōrāre, labōrō *m. Abl.*	leiden (an)
prōvidēre, prōvideō, prōvīdī, prōvīsum (ut)	dafür sorgen (dass)
gerere, gerō, gessī, gestum	ausführen, führen, tragen
perficere, perficiō, perfēcī, perfectum	erreichen, fertigstellen, vollenden
efferre, efferō, extulī, ēlātum	herausheben, hervorbringen

-ne ... an *im indir. Fragesatz*	ob ... oder
-ne *im indir. Fragesatz*	ob
num *im indir. Fragesatz*	ob
utrum ... an *im indir. Fragesatz*	ob ... oder

orbis terrārum	Erdkreis
rēs gestae	Taten
rēs pūblica	Staat

1

dextera	die rechte Hand, die Rechte
gladius	Schwert
dictum	Ausspruch
cultus, cultūs *m*	Bildung, Lebensweise
impetus, impetūs *m*	Angriff, Schwung

2

barbarus, a, um	ausländisch, unzivilisiert; *Subst.* Ausländer, 'Barbar'
ferus, a, um	wild
vīvus, a, um	lebend, lebendig
grandis, e	alt; bedeutend, groß
pār, paris	ebenbürtig, gleich
vetus, veteris	alt

3

iste, ista, istud	dieser (da)
(Gen. istīus, *Dat.* istī*)*	

5

cōnservāre, cōnservō	retten (vor), bewahren
(ā m. Abl.)	
oppūgnāre, oppūgnō	angreifen

solēre, soleō *(m. Inf.)*	gewöhnlich etwas tun, gewohnt sein
circumvenīre, circumveniō, cirumvēnī, circumventum	umringen, umzingeln
occidere, occidō, occidī	umkommen, untergehen
sapere, sapiō, sapiī	Geschmack haben, Verstand haben

12

gaudiō esse	Freude bereiten

1

fēmina	Frau
lūna	Mond
cōnsuētūdō, cōnsuētūdinis *f*	Gewohnheit
hiems, hiemis *f*	Winter, Unwetter
sōl, sōlis *m*	Sonne
tempestās, tempestātis *f*	Sturm, (schlechtes) Wetter; Zeit

asper, aspera, asperum	rau; streng
hūmānus, a, um	gebildet, menschlich
reliquus, a, um	künftig, übrig
sānctus, a, um	ehrwürdig, heilig
immortālis, e	unsterblich
plūs, plūris	mehr

3

quisquis, quaequae, quidquid (quicquid)	jeder, der; alles, was

5

habitāre, habitō	bewohnen, wohnen
caedere, caedō, cecīdī, caesum	fällen, niederschlagen, töten
dēdūcere, dēdūcō, dēdūxī, dēductum	hinführen, wegführen
relinquere, relinquō, relīquī, relictum	unbeachtet lassen, verlassen, zurücklassen
differre, differō, distulī, dīlātum *(ā m. Abl.)*	sich unterscheiden (von)

6

alibī *Adv.*	anderswo
praetereā *Adv.*	außerdem
prope *Adv.*	nahe; beinahe

utinam *Adv.*	hoffentlich, wenn doch!

9

quīn *Subj. m. Konj.*	dass *(in festen Wendungen)*

12

bene vertere	zum Guten wenden
cōnsuētūdō vītae	gewohnte Lebensweise
īrā incēnsus	zornentbrannt
nōn dubitō, quīn	ich zweifle nicht, dass
Rōmae	in Rom

44

1

cellā	Kammer, Keller, Tempel(raum)
turris, turris *f* (Abl. Sg. **-ī**; Gen. Pl. **-ium**)	Turm
cultus, cultūs *m*	Bildung, Lebensweise; Pflege, Verehrung
exitus, exitūs *m*	Ausgang, Ende

2

dūrus, a, um	hart
futūrus, a, um	zukünftig, kommend

| posterus, a, um | folgend |
| incolumis, e | unverletzt, wohlbehalten |

4

| secundus, a, um | der zweite; günstig |

5

memorāre, memorō	erwähnen, sagen
spērāre, spērō	erwarten, hoffen
manēre, maneō, mānsī, mānsūrum *(m. Akk.)*	bleiben, warten, warten (auf)
prōvidēre, prōvideō, prōvīdī, prōvīsum	(ut) dafür sorgen (dass); *m. Akk.* vorhersehen
respondēre, respondeō, respondī, respōnsum	antworten, entsprechen
excēdere, excēdō, excessī, excessum	hinausgehen, weggehen
petere, petō, petīvī, petītum	(auf)suchen, (er)streben, bitten, verlangen
requīrere, requīrō, requīsīvī, requīsītum	aufsuchen, sich erkundigen, verlangen
obicere, obiciō, obiēcī, obiectum	darbieten, vorwerfen
īre, eō, iī, itum	gehen
redīre, redeō, rediī, reditum	zurückgehen, zurückkehren

prōferre, prōferō, prōtulī, prōlātum	(hervor)holen, zur Sprache bringen

6

haud *Adv.*	nicht
multō *Adv.*	(um) viel
suprā *Adv.*	darüber hinaus, oben

8

nec / neque	und nicht, auch nicht, nicht einmal

10

contrā *Präp. m. Akk.*	gegen

12

aut ... aut	entweder ... oder
auxilium petere	um Hilfe bitten
bonō animō esse	guten Mutes sein, zuversichtlich sein
brevī (tempore)	nach kurzer Zeit, bald (darauf)
ex illō tempore	seit jener Zeit
nec ... nec	weder ... noch
rem bene gerere	etwas gut durchführen, Erfolg haben
rēs futūrae	Zukunft
rēs secundae	Glück
sē obicere *m. Dat.*	sich jmd. entgegenwerfen, sich auf jmd. stürzen

---

1

caedēs, caedis f *(Gen. Pl. -ium)*	Blutbad, Mord
mūnītiō, mūnītiōnis f	Bau, Befestigung
voluntās, voluntātis f	Absicht, Wille, Zustimmung
servitūs, servitūtis f	Sklaverei
aciēs, aciēī f	Schlachtordnung, Schlacht

2

āter, ātra, ātrum	schwarz, düster
incertus, a, um	ungewiss, unsicher

4

tertius, a, um	der dritte

5

vindicāre, vindicō	beanspruchen, bestrafen; in *m. Akk.* vorgehen gegen
prōvidēre, prōvideō, prōvīdī, prōvīsum	dafür sorgen (dass); *m. Akk.* vorhersehen; *m. Dat.* sorgen für
venīre, veniō, vēnī, ventum	kommen
tegere, tegō, tēxī, tēctum	bedecken, schützen, verbergen

parere, pariō, peperī, partum	zur Welt bringen; schaffen
subicere, subiciō, subiēcī, subiectum	darunterlegen, unterwerfen
īnferre, īnferō, īntulī, illātum	hineintragen, zufügen
fierī, fīō, factus sum	gemacht werden; geschehen, werden

6

potius *Adv.*	eher, lieber
quidem *Adv.*	freilich, gewiss, wenigstens, zwar
vulgō *Adv.*	allgemein, gewöhnlich

7

an	*in der Frage* oder; *im indir. Fragesatz* ob (nicht)

12

bellum īnferre *(m. Dat.)*	angreifen
castra pōnere	ein Lager bauen / aufschlagen
nihil pertinet *(ad m. Akk.)*	es ist unwichtig / hat keine Bedeutung (für)
victōriam parere *(dē m. Abl.)*	einen Sieg (über jmd.) davontragen

1

mora	Aufenthalt, Verzögerung
libellus	kleines Buch, Heft
studium	Beschäftigung, Engagement, Interesse
cupiditās, cupiditātis *f (m. Gen.)*	(heftiges) Verlangen (nach), Leidenschaft
error, errōris *m*	Irrtum, Fehler
opus, operis *n*	Arbeit, Werk
sēnsus, sēnsūs *m*	Gefühl, Sinn, Verstand

2

cupidus, a, um *(m. Gen.)*	(be)gierig (nach)
indīgnus, a, um *(m. Abl.)*	unwürdig (einer Sache)
parātus, a, um	fertig, bereit

3

quīcumque, quaecumque, quodcumque	jeder, der; wer auch immer; *neutr.* alles, was

5

recitāre, recitō	vorlesen, vortragen
comprehendere, comprehendō, comprehendī, comprehēnsum	begreifen, ergreifen, festnehmen

praecipere, praecipiō, praecēpī, praeceptum	(be)lehren, vorschreiben

6

ergō *Adv.*	also
interim *Adv.*	inzwischen
minimē *Adv.*	am wenigsten, überhaupt nicht
quamobrem *Adv.*	warum
tam ... quam *Adv.*	so ... wie
vērum *Adv.*	aber

12

hōra abit	die Zeit verfliegt
nihil (aliud) nisī	nichts anderes als, nichts außer, nur
quid aliud?	was sonst?
tempus cōnsūmere	die Zeit aufbrauchen / verschwenden

1

invidia	Neid
factum	Handlung, Tat, Tatsache
odium	Hass
opīniō, opīniōnis *f*	Meinung, (guter) Ruf
pudor, pudōris *m*	Scham(gefühl); Anstand

2

īgnārus, a, um *(m. Gen.)*	ohne Kenntnis, unwissend
inīquus, a, um	ungerecht, ungleich
nūdus, a, um	nackt
stultus, a, um	dumm

4

tot *indekl.*	so viele

5

comparāre, comparō	vergleichen
valēre, valeō, valuī	Einfluss haben, gesund sein, stark sein; **ad** *m. Akk.* taugen zu
invenīre, inveniō, invēnī, inventum	finden, erfinden
compōnere, compōnō, composuī, compositum	abfassen, ordnen, schlichten; vergleichen

ēdere, ēdō, ēdidī, ēditum	herausgeben, bekannt-machen
omittere, omittō, omīsī, omissum	aufgeben, beiseitelassen
pergere, pergō, perrēxī	aufbrechen, weitermachen
afficere, afficiō, affēcī, affectum *m. Abl.*	versehen mit
praeterīre, praetereō, praeteriī, praeteritum	übergehen, vorbeigehen

6

adeō *Adv.*	so sehr
forte *Adv.*	zufällig
praesertim (cum) *Adv.*	besonders (da / weil)
quemadmodum *Adv.*	auf welche Weise (auch immer), wie

9

quasi	*Adv.* gleichsam, geradezu, fast; *Subj.* wie wenn, als ob

12

cōnstāre ex *m. Abl.*	bestehen aus
dolōribus afficere *m. Akk.*	jmd. Schmerzen zufügen
odiō incēnsus	voller Hass
rēs ita sē habet	die Sache verhält sich so
ut opīniō mea est	meiner Meinung nach

48

fōrma	Form, Gestalt, Schönheit
lūmen, lūminis *n*	Licht, Auge

aliēnus, a, um	fremd
dīgnus, a, um *(m. Abl.)*	wert, würdig (einer Sache)
brevis, e	kurz

quālis, e	wie (beschaffen)

iūdicāre, iūdicō	**beurteilen, urteilen**
temperāre, temperō *(ā m. Abl.)*	sich fernhalten (von);
m. Dat.	maßvoll gebrauchen, zurückhalten;
m. Akk.	lenken, ordnen
latēre, lateō, latuī	verborgen sein
addere, addō, addidī, additum	hinzufügen
fingere, fingō, fīnxī, fictum	gestalten, sich (etwas) ausdenken
permittere, permittō, permīsī, permissum	erlauben, überlassen

ōdisse, ōdī *Perf.*	hassen	

6

adversus *Adv.*	entgegen	
omnīnō *Adv.*	insgesamt, überhaupt, völlig	
umquam *Adv.*	jemals	

9

nē	*im Hauptsatz*	nicht *(verneinter Befehl oder Wunsch)*;
	Subj. m. Konj.	dass nicht, damit nicht;
		dass *(nach Ausdrücken des Fürchtens und Hinderns)*

10

adversus *Präp. m. Akk.*	gegen	

12

bene facere, quod	gut daran tun, dass
in deum crēdere	an Gott glauben
inter eōs cōnstat	es steht für sie fest
quod māius est	was noch wichtiger ist

49

simulācrum	Bild, Bildnis, Nachbildung, Schatten (eines Toten)
animal, animālis *n*	Lebewesen, Tier
(Abl. Sg. -ī; Nom. / Akk. Pl. -ia; Gen. Pl. -ium)	
imāgō, imāginis *f*	Abbild, Bild

cōnscius, a, um *(m. Gen.)*	bewusst, eingeweiht (in); *Subst.* Teilnehmer, Zeuge
nefārius, a, um	gottlos, verbrecherisch
nōtus, a, um	bekannt

peccāre, peccō	einen Fehler machen, sündigen
praedicāre, praedicō	behaupten
comperīre, comperiō, comperī, compertum	(genau) erfahren
reperīre, reperiō, repperī, repertum	(wieder)finden
dīligere, dīligō, dīlēxī, dīlēctum	hochachten, lieben

exigere, exigō, exēgī, exāctum	(ein)fordern, vollenden
quaesere, quaesō	bitten
āiō *(3. Pers. Sg.* āit, *3. Pers. Pl.* āiunt*)*	behaupte(te) ich, sag(t)e ich
praeferre, praeferō, praetulī, praelātum	vorziehen

6

sānē *Adv.*	allerdings, gewiss; meinetwegen

9

quoniam *Subj. m. Ind.*	da ja, da nun

10

ūsque ad *m. Akk.*	bis zu

1

anima	Atem, Leben
commodum	Bequemlichkeit, Vorteil
indicium	Anzeige, Kennzeichen
perniciēs, perniciēī *f*	Verderben, Vernichtung

2

beātus, a, um	glücklich, reich
iūstus, a, um	gerecht
placidus, a, um	friedlich, ruhig, sanft
ūniversus, a, um	gesamt; *Pl.* alle (zusammen)
fēlīx, fēlīcis	erfolgreich, glückbringend, glücklich

4

trīgintā *indekl.*	dreißig

5

convertere, convertō, convertī, conversum	verändern, (um)wenden; *(in m. Akk.)* richten (auf)
opprimere, opprimō, oppressī, oppressum	bedrohen, niederwerfen, unterdrücken
prōspicere, prōspiciō, prōspexī, prōspectum	schauen auf, sehen

ferē *Adv.*	beinahe, fast; ungefähr
prōrsus *Adv.*	überhaupt, völlig
quamvīs *Adv.*	beliebig, wie du willst
sīc *Adv.*	so
sīcut *Adv.*	(so) wie

nam(que)	denn, nämlich
vel ... vel	entweder ... oder

quamvīs *Subj. m. Konj.*	wenn auch

eā ratiōne, ut	in der Absicht, dass

51

1

īnferī, īnferōrum *Pl.*	Bewohner der Unterwelt, Unterwelt
superī, superōrum *Pl.*	die Götter
pectus, pectoris *n*	Brust, Herz

2

proximus, a, um	der nächste
salvus, a, um	gesund, unversehrt
praesēns, praesentis	anwesend, gegenwärtig

4

decem *indekl.*	zehn
mīlle *Sg. indekl.*	tausend
Pl. mīlia, mīlium	

5

hortārī, hortor, hortātus sum	auffordern, ermahnen
mīrārī, mīror, mīrātus sum	bewundern, sich wundern
morārī, moror, morātus sum	(sich) aufhalten
tuērī, tueor *m. Akk.*	betrachten, schützen, *(milit.)* sichern, sorgen für

verērī, vereor, veritus sum	fürchten, sich scheuen; verehren
vidērī, videor, vīsus sum	scheinen, gelten (als)
servīre, serviō	dienen, Sklave sein
loquī, loquor, locūtus sum	reden, sprechen
nāscī, nāscor, nātus sum	entstehen, geboren werden
proficīscī, proficīscor, profectus sum	(ab)reisen, aufbrechen
tribuere, tribuō, tribuī, tribūtum	schenken, zuteilen
ūtī, ūtor, ūsus sum *m. Abl.*	benützen, gebrauchen
ēgredī, ēgredior, ēgressus sum	herausgehen, verlassen
morī, morior, mortuus sum	sterben

9

priusquam *Subj. m. Ind.*	bevor, eher als

12

in lūcem prōferre	ans Licht bringen, verraten

1

culpa	Schuld
saeculum	Jahrhundert, Menschenalter, Zeit(alter)
iūdex, iūdicis *m*	Richter
iūs, iūris *n*	Recht
nātiō, nātiōnis *f*	Volk, Volksstamm

2

aeternus, a, um	ewig
certus, a, um	sicher
īnfēlīx, īnfēlīcis	unglücklich

5

cessāre, cessō	rasten, zögern
iuvāre, iuvō, iūvī	unterstützen, erfreuen
opīnārī, opīnor, opīnatus sum	glauben, meinen
pollicērī, polliceor, pollicitus sum	versprechen
possidēre, possideō, possēdī, possessum	besitzen
orīrī, orior, ortus sum	entstehen, sich erheben
coniungere, coniungō, coniūnxī, coniūnctum	verbinden, vereinigen

cōnsequī, cōnsequor, cōnsecūtus sum	erreichen, nachfolgen
prōpōnere, prōpōnō, prōposuī, prōpositum	darlegen, in Aussicht stellen
querī, queror, questus sum *(m. Akk.)*	klagen; sich beklagen (über)
sequī, sequor, secūtus sum *m. Akk.*	folgen
aggredī, aggredior, aggressus sum	angreifen, herangehen
patī, patior, passus sum	(er)leiden, ertragen, zulassen
prōgredī, prōgredior, prōgressus sum	vorrücken, weitergehen

6

proinde *Adv.*	also, daher

10

sub *Präp. m. Abl.*	unten an / bei, unter *(wo?)*;
m. Akk.	nahe an ... heran, unter *(wohin?)*

12

iūre optimō	mit vollem Recht
monēre, nē	warnen, dass

		1
sapientia	Weisheit, Einsicht	
initium	Anfang, Eingang	
vitium	Fehler, schlechte Eigenschaft	
cor, cordis *n*	Herz	
fōns, fontis *m*	Quelle, Ursprung	

		2
inānis, e	leer, wertlos	
sapiēns, sapientis	weise, verständig	
ūtilis, e	nützlich	

		4
septem *indekl.*	sieben	

		5
imitārī, imitor, imitātus sum	nachahmen	
fatērī, fateor, fassus sum	bekennen, gestehen	
rērī, reor, ratus sum	meinen	
dīcere, dīcō, dīxī, dictum	sagen, sprechen; *m. dopp. Akk.* (be)nennen	
iungere, iungō, iūnxī, iūnctum	verbinden, vereinigen	

nītī, nītor, nīxus (nīsus) sum	*(m. Abl.)* sich stützen (auf); *(ad / in m. Akk.)* streben (nach)
rēfert *(m. Gen.)*	es ist wichtig (für jmd.)

6

velut *Adv.*	wie, wie zum Beispiel

8

quamquam	*im Hauptsatz* freilich

12

cordī esse	am Herzen liegen
necesse (est)	(es ist) notwendig
tuā rēfert	es ist wichtig für dich

1

currus, currūs *m*	Wagen

2

commodus, a, um	angemessen, angenehm, günstig
doctus, a, um	gelehrt, gebildet
intimus, a, um	innerste, vertrauteste; *Subst.* Vertrauter
māior, māiōris	größer
melior, meliōris	besser
pauper, pauperis	arm
similis, e *(m. Gen. / Dat.)*	ähnlich

3

uterque	beide; jeder (von zweien)

5

affirmāre, affirmō	bekräftigen, behaupten
certāre, certō	streiten, wetteifern
versārī, versor, versātus sum	sich aufhalten, sich befinden
cōnfitērī, cōnfiteor, cōnfessus sum	(ein)gestehen
intuērī, intueor	anschauen

experīrī, experior, expertus sum	erfahren, versuchen
colloquī, colloquor, collocūtus sum	sich unterreden, besprechen
dūcere, dūcō, dūxī, ductum	führen, ziehen; *m. dopp. Akk.* halten für
vehī, vehor, vectus sum *m. Abl.*	sich fortbewegen, fahren
mālle, mālō, māluī	lieber wollen

6

aliquando *Adv.*	irgendwann, einmal
item *Adv.*	ebenso, gleichfalls
quam	*m. Komp.* als *m. Superl.* möglichst

8

sīve ... sīve	entweder ... oder

1

pueritia	Kindheit, Jugend(alter)
discipulus	Schüler
magister, magistrī	Leiter, Lehrer
medicus	Arzt
nātus	Sohn
mercēs, mercēdis *f*	Lohn

2

occupātus, a, um *(in m. Abl.)*	beschäftigt (mit)
plūrēs, plūra	mehr
potior, potiōris	besser, wichtiger, tüchtiger

5

arbitrārī, arbitror, arbitrātus sum	glauben, meinen
cōnstat	es ist bekannt, es steht fest
ēducāre, ēducō	aufziehen, erziehen
precārī, precor, precātus sum	bitten
gaudēre, gaudeō, gāvīsus sum	sich freuen
solēre, soleō, solitus sum *(m. Inf.)*	gewöhnlich etwas tun, gewohnt sein

cōnfīdere, cōnfīdō, cōnfīsus sum	vertrauen
impellere, impellō, impulī, impulsum	antreiben, veranlassen
meminisse, meminī *(Perf.), m. Gen. / Akk.*	sich erinnern an; daran denken
revertī, revertor, revertī, reversum	zurückkehren
volvere, volvō, volvī, volūtum	rollen, wälzen, überlegen

6

quō ... eō	je ... desto

12

ā pueritiā	von Kindheit an

1

avāritia	Geiz, Habsucht
dīvitiae, dīvitiārum *Pl.*	Reichtum
fāma	(guter, schlechter) Ruf
pōculum	Becher, Trank
canis, canis *m*	Hund
simplicitās, simplicitātis *f*	Einfachheit
vās, vāsis *n*	Gefäß
(Pl. vāsa, vāsōrum*)*	
lacus, lacūs *m*	See, Teich
vultus, vultūs *m*	Gesicht, Gesichtsausdruck; *Pl.* Gesichtszüge

2

īrātus, a, um	erzürnt, zornig
malus, a, um	schlecht, schlimm
medius, a, um	der mittlere, in der Mitte (von)
pessimus, a, um	der schlimmste

3

alter, altera, alterum	der eine / der andere
(Gen. alterīus, *Dat.* alterī*)*	(von zweien)

circumstāre, circumstō, circumstetī	rings herumstehen, umringen, bedrängen
collocāre, collocō	aufstellen, unterbringen
dēlīberāre, dēlīberō	überlegen
iactāre, iactō	schleudern; rühmen
violāre, violō	entehren, verletzen
appetere, appetō, appetīvī, appetītum	haben wollen, erstreben; angreifen
edere, edō, ēdī	essen
īrāscī, īrāscor *(m. Dat.)*	in Zorn geraten, zornig sein (gegen / über)
prehendere, prehendō, prehendī, prehēnsum	ergreifen, nehmen
prōdere, prōdō, prōdidī, prōditum	überliefern, verraten

quantō ... tantō	je ... desto

alter ... alter	der eine ... der andere
nēmō est, quī *m. Konj.*	es gibt niemanden, der ...
quis est, quī *m. Konj.*	wen gibt es, der ...

1

suspīciō, suspīciōnis *f*	Verdacht, Vermutung

2

pēior, pēius	schlechter, schlimmer

3

ūllus, a, um *(Gen.* ūllīus, *Dat.* ūllī*)*	irgendeiner

5

exīstimāre, exīstimō	(ein)schätzen, meinen; *m. dopp. Akk.* halten für, einschätzen als
suspicārī, suspicor, suspicātus sum	vermuten
perferre, perferō, pertulī, perlātum	(über)bringen, ertragen

6

cēterum *Adv.*	übrigens
nē ... quidem *Adv.*	nicht ... einmal

9

simul *Subj.*	sobald

1

cōnstantia	Beständigkeit, Ausdauer, Standhaftigkeit
contrōversia	Streit, Widerspruch
opera	Arbeit, Mühe
tribūnus	(Militär-)Tribun
colloquium	Unterredung, Gespräch
āctiō, āctiōnis f	Tätigkeit; Gerichtsverhandlung; Rede
cohors, cohortis f	Kohorte (ca. 600 Mann)
occāsiō, occāsiōnis f	Gelegenheit
ōmen, ōminis n	Vorzeichen
pietās, pietātis f	Pflichtbewusstsein, Frömmigkeit
cōnsulātus, cōnsulātūs m	Konsulat
equitātus, equitātūs m	Reiterei
spīritus, spīritūs m	Atem, Seele
diēs, diēī	m Tag; f Termin

2

prīvātus, a, um	persönlich, privat; Subst. Privatperson

superior, superiōris	der frühere, der weiter oben gelegene

4

novem *indekl.*	neun
quīnque *indekl.*	fünf

5

miscēre, misceō, miscuī, mixtum	mischen, verwirren
nocēre, noceō	schaden
persuādēre, persuādeō, persuāsī, persuāsum	*m. Dat.* überzeugen *(mit AcI / Inf.)*; überreden *(ut m. Konj.)*
dēfīnīre, dēfīniō	abgrenzen, bestimmen
impedīre, impediō	hindern, verhindern
mōlīrī, mōlior, mōlītus sum	(an)treiben; planen, unternehmen
canere, canō, cecinī	singen, (ein Instrument) spielen, blasen
remittere, remittō, remīsī, remissum	zurückschicken, nachlassen, vermindern
restituere, restituō, restituī, restitūtum	wiederherstellen
rumpere, rumpō, rūpī, ruptum	zerbrechen

paulum *Adv.*	ein wenig
prīmum *Adv.*	erstens, zuerst, zum ersten Mal

nī *Subj.*	wenn nicht
quō *m. Komp.*	damit umso

iussū *Abl.*	auf Befehl

Stammformen wichtiger Verben

Die folgende Liste enthält diejenigen Verben mit „unregelmäßiger" Perfektbildung, zu denen in **prima** Perfekt- (und PPP-) Formen vorkommen.

Die aktiven Verben sind nach ihrer Zugehörigkeit zu den verschiedenen Konjugationsklassen aufgeführt, dann folgen die Deponentien und andere „schwierige" Verben.

Innerhalb der Konjugationsklassen sind die Verben nach der Art ihrer Perfektbildung (also v-, u-, s-Perfekt usw.) zusammengestellt, und zwar in alphabetischer Reihenfolge; Komposita stehen unmittelbar beim jeweiligen Verbum simplex (z. B. **promittere** bei **mittere**).

Durch diese Anordnung fallen euch gleich bzw. ähnlich gebildete Stammformen stärker ins Auge und ihr könnt sie euch besser einprägen.

Nicht aufgeführt sind die als „regelmäßig" geltenden Verben der ā- und ī-Konjugation mit v-Perfekt sowie der ē-Konjugation mit u-Perfekt (und PPP auf -itum); z. B.:

vocāre	vocō, vocāvī, vocātum rufen, nennen
audīre	audiō, audīvī, audītum hören
monēre	moneō, monuī, monitum (er)mahnen

Verben der ā-Konjugation

iuvāre   iuvō, iūvī
unterstützen, erfreuen

lavāre   lavō, lāvī, lautum
waschen, reinigen

Reduplikationsperfekt

dare   dō, dedī, datum
geben

stāre   stō, stetī, stātūrum
stehen

  circumstāre   circumstō, circumstetī
rings herumstehen, umringen, bedrängen

  cōnstāre   cōnstō, cōnstitī
feststehen; kosten

  īnstāre   īnstō, īnstitī
bevorstehen, hart zusetzen

  praestāre   praestō, praestitī
m. Dat. übertreffen
m. Akk. gewähren, leisten, zeigen

restāre	**restō, restitī** übrigbleiben; Widerstand leisten
vetāre	**vetō, vetuī** verhindern, verbieten

Verben der ē-Konjugation

complēre compleō, complēvī
anfüllen, erfüllen

flēre fleō, flēvī
beklagen, (be)weinen

cēnsēre cēnseō, cēnsuī, cēnsum
(m. Akk.) meinen, einschätzen, seine Stimme
abgeben (für)

docēre doceō, docuī, doctum
lehren, unterrichten

miscēre misceō, miscuī, mixtum
mischen, verwirren

prohibēre prohibeō, prohibuī
(ā m. Abl.) abhalten (von), hindern (an)

tenēre teneō, tenuī, tentum
besitzen, festhalten, halten

continēre contineō, continuī
festhalten

retinēre	retineō, retinuī
	behalten, festhalten, zurückhalten
sustinēre	sustineō, sustinuī
	ertragen, standhalten

s-Perfekt

ārdēre	ārdeō, ārsī
	brennen
augēre	augeō, auxī, auctum
	vermehren, vergrößern
iubēre	iubeō, iussī
	(m. Akk.) anordnen, befehlen
manēre	maneō, mānsī, mānsūrum
	(m. Akk.) bleiben, warten, warten (auf)
remanēre	remaneō, remānsī
	(zurück)bleiben
persuādēre	persuādeō, persuāsī, persuāsum
	m. Dat. überzeugen *(mit AcI / Inf.)*
	überreden *(ut m. Konj.)*
rīdēre	rīdeō, rīsī
	lachen, auslachen

torquēre	torqueō, torsī, tortum drehen, quälen, schleudern

Dehnungsperfekt

cavēre	caveō, cāvī, cautum *(m. Akk.)* sich hüten (vor), Vorsorge treffen
movēre	moveō, mōvī, mōtum bewegen
commovēre	commoveō, commōvī, commōtum bewegen, veranlassen
permovēre	permoveō, permōvī, permōtum beunruhigen, veranlassen
sedēre	sedeō, sēdī sitzen
possidēre	possideō, possēdī, possessum besitzen
vidēre	videō, vīdī, vīsum sehen, darauf achten
prōvidēre	prōvideō, prōvīdī, prōvīsum (ut) dafür sorgen (dass) *m. Akk.* vorhersehen *m. Dat.* sorgen für

respondēre   respondeō, respondī, respōnsum
antworten, entsprechen

Verben der ī-Konjugation

aperīre   aperiō, aperuī, apertum
aufdecken, öffnen

sentīre   sentiō, sēnsī
fühlen, meinen, wahrnehmen

venīre   veniō, vēnī, ventum
kommen

  circumvenīre   circumveniō, cirumvēnī,
circumventum
umringen, umzingeln

  convenīre   conveniō, convēnī
besuchen, zusammenkommen, zusammen-
passen

  ēvenīre   ēveniō, ēvēnī, ēventum
sich ereignen

invenīre	inveniō, invēnī, inventum
	finden, erfinden
pervenīre	perveniō, pervēnī
	kommen zu / nach

Reduplikationsperfekt

reperīre   reperiō, repperī, repertum
(wieder)finden

comperīre   comperiō, comperī, compertum
(genau) erfahren

Verben der konsonantischen Konjugation

arcessere arcessō, arcessīvī
herbeirufen, holen

cōnsuēscere cōnsuēscō, cōnsuēvī, cōnsuētum
sich gewöhnen (an)
Perf. gewohnt sein

crēscere crēscō, crēvī
wachsen

dēcernere dēcernō, dēcrēvī
beschließen, entscheiden, zuerkennen

nōscere nōscō, nōvī, nōtum
erkennen, kennenlernen

   cognōscere cognōscō, cognōvī, cognitum
erkennen, kennenlernen

petere petō, petīvī, petītum
(auf)suchen, (er)streben, bitten, verlangen

   appetere appetō, appetīvī, appetītum
haben wollen, erstreben; angreifen

   repetere repetō, repetīvī, repetītum
(zurück)verlangen, wiederholen

quaerere	quaerō, quaesīvī erwerben wollen, suchen
requīrere	requīrō, requīsīvī, requīsītum aufsuchen, sich erkundigen, verlangen
quiēscere	quiēsco, quiēvī (aus)ruhen; schlafen
sinere	sinō, sīvī lassen, erlauben
dēsinere	dēsinō, dēsiī aufhören

u-Perfekt

alere	alō, aluī ernähren, großziehen
colere	colō, coluī, cultum bewirtschaften, pflegen; verehren
cōnsulere	cōnsulō, cōnsuluī, cōnsultum *m. Akk.* befragen *m. Dat.* sorgen für dē *m. Abl.* beraten über in *m. Akk.* Maßnahmen ergreifen gegen

dēserere	**dēserō, dēseruī, dēsertum** im Stich lassen, verlassen
pōnere	**pōnō, posuī, positum** (auf)stellen, (hin)legen, setzen
compōnere	**compōnō, composuī, compositum** abfassen, ordnen, schlichten; vergleichen
dēpōnere	**dēpōnō, dēposuī** ablegen, niederlegen, aufgeben
impōnere	**impōnō, imposuī, impositum** auferlegen, (hin)einsetzen
prōpōnere	**prōpōnō, prōposuī, prōpositum** darlegen, in Aussicht stellen

s-Perfekt

cēdere	**cēdō, cessī, cessum** gehen, nachgeben, weichen
accēdere	**accēdō, accessī** herbeikommen, hinzukommen
concēdere	**concēdō, concessī** erlauben, nachgeben, zugestehen

discēdere	**discēdō, discessī** auseinandergehen, weggehen
excēdere	**excēdō, excessī, excessum** hinausgehen, weggehen
incēdere	**incēdō, incessī, incessum** *(m. Akk.)* heranrücken, eintreten; (jmd.) befallen
prōcēdere	**prōcēdō, prōcessī** (vorwärts)gehen, vorrücken
cingere	**cingō, cinxī** umgeben, umzingeln
claudere	**claudō, clausī** abschließen, einschließen
dīcere	**dīcō, dīxī, dictum** sagen, sprechen *m. dopp. Akk.* (be)nennen
dūcere	**dūcō, dūxī, ductum** führen, ziehen m. dopp. Akk. halten für
abdūcere	**abdūcō, abdūxī** wegführen
addūcere	**addūcō, addūxī, adductum** heranführen, veranlassen

condūcere	condūcō, condūxī zusammenführen; anwerben, mieten
dēdūcere	dēdūcō, dēdūxī, dēductum hinführen, wegführen
ēdūcere	ēdūcō, ēdūxī, ēductum herausführen
indūcere	indūcō, indūxī (hin)einführen, verleiten
redūcere	redūcō, redūxī, reductum zurückführen, zurückziehen
exstinguere	exstinguō, exstīnxī, exstīnctum auslöschen, vernichten
fingere	fingō, fīnxī, fictum gestalten, sich (etwas) ausdenken
flectere	flectō, flexī biegen, (hin)lenken, umstimmen
gerere	gerō, gessī, gestum ausführen, führen, tragen
īnstruere	īnstruō, īnstrūxī, īnstrūctum aufstellen, ausrüsten; unterrichten
iungere	iungō, iūnxī, iūnctum verbinden, vereinigen

adiungere	**adiungō, adiūnxī** hinzufügen, anschließen
coniungere	**coniungō, coniūnxī, coniūnctum** verbinden, vereinigen
laedere	**laedō, laesī, laesum** beschädigen, verletzen, beleidigen
[legere]	
dīligere	**dīligō, dīlēxī, dīlēctum** hochachten, lieben
intellegere	**intellegō, intellēxī** (be)merken, verstehen
neglegere	**neglegō, neglēxī, neglēctum** nicht (be)achten, vernachlässigen
mittere	**mittō, mīsī, missum** (los)lassen, schicken, werfen
āmittere	**āmittō, āmīsī** aufgeben, verlieren
committere	**committō, commīsī, commissum** anvertrauen, veranstalten, zustande bringen
dēmittere	**dēmittō, dēmīsī, dēmissum** hinabschicken, sinken lassen
dīmittere	**dīmittō, dīmīsī** aufgeben, entlassen

omittere	**omittō, omīsī, omissum** aufgeben, beiseitelassen
permittere	**permittō, permīsī, permissum** erlauben, überlassen
prōmittere	**prōmittō, prōmīsī** versprechen
remittere	**remittō, remīsī, remissum** zurückschicken, nachlassen, vermindern
nūbere	**nūbō, nūpsī, nūptum** *m. Dat.* heiraten
premere	**premō, pressī, pressum** (unter)drücken, bedrängen
opprimere	**opprimō, oppressī, oppressum** bedrohen, niederwerfen, unterdrücken
regere	**regō, rēxī, rēctum** lenken, leiten; beherrschen
pergere	**pergō, perrēxī** aufbrechen, weitermachen
surgere	**surgō, surrēxī** aufstehen, sich erheben; aufrichten
respicere	**respiciō, respexī, respectum** zurückblicken; berücksichtigen

scrībere	scrībō, scrīpsī, scrīptum beschreiben, schreiben
cōnscrībere	cōnscrībō, cōnscrīpsī, cōnscrīptum aufschreiben, verfassen
sūmere	sūmō, sūmpsī, sūmptum nehmen
cōnsūmere	cōnsūmō, cōnsūmpsī, cōnsūmptum verbrauchen, verwenden
tegere	tegō, tēxī, tēctum bedecken, schützen, verbergen
trahere	trahō, trāxī, trāctum ziehen, schleppen
vehere	vehō, vēxī, vectum fahren, tragen, ziehen
vīvere	vīvō, vīxī leben

agere	agō, ēgī, āctum handeln, treiben, verhandeln
cōgere	cōgō, coēgī, coāctum (ver)sammeln, zwingen
exigere	exigō, exēgī, exāctum (ein)fordern, vollenden
cōnsīdere	cōnsīdō, cōnsēdī sich setzen, sich niederlassen
edere	edō, ēdī essen
emere	emō, ēmī, ēmptum kaufen
frangere	frangō, frēgī, frāctum zerbrechen
legere	legō, lēgī, lēctum lesen, auswählen
colligere	colligō, collēgī, collēctum sammeln
dēligere	dēligō, dēlēgī, dēlēctum (aus)wählen

relinquere	relinquō, relīquī, relictum
	unbeachtet lassen, verlassen, zurücklassen
rumpere	rumpō, rūpī, ruptum
	zerbrechen
corrumpere	corrumpō, corrūpī, corruptum
	bestechen, verderben
vincere	vincō, vīcī, victum
	(be)siegen, übertreffen

Reduplikationsperfekt

cadere	cadō, cecidī
	fallen
accidere	accidō, accidī
	geschehen, sich ereignen
occidere	occidō, occidī
	umkommen, untergehen
caedere	caedō, cecīdī, caesum
	fällen, niederschlagen, töten
occīdere	occīdō, occīdī, occīsum
	niederschlagen, töten
canere	canō, cecinī
	singen, (ein Instrument) spielen, blasen

currere	currō, cucurrī, cursum
	eilen, laufen
occurrere	occurrō, occurrī
	begegnen, entgegentreten

[dare]

addere	addō, addidī, additum
	hinzufügen
condere	condō, condidī, conditum
	erbauen, gründen; verwahren, verbergen, bestatten
crēdere	crēdō, crēdidī
	anvertrauen, glauben
dēdere	dēdō, dēdidī, dēditum
	ausliefern, übergeben
ēdere	ēdō, ēdidī, ēditum
	herausgeben, bekanntmachen
perdere	perdō, perdidī, perditum
	verlieren, verschwenden, zugrunde richten
prōdere	prōdō, prōdidī, prōditum
	überliefern, verraten
reddere	reddō, reddidī, redditum
	m. dopp. Akk. jmd. zu etwas machen
trādere	trādō, trādidī, trāditum
	übergeben, überliefern

discere	discō, didicī	
	lernen, erfahren	
fallere	fallō, fefellī	
	täuschen, betrügen	
parcere	parcō, pepercī	
	m. Dat. schonen, sparen	
pellere	pellō, pepulī, pulsum	
	schlagen, vertreiben	
expellere	expellō, expulī	
	vertreiben, verbannen	
impellere	impellō, impulī, impulsum	
	antreiben, veranlassen	
repellere	repellō, reppulī, repulsum	
	zurückstoßen, abweisen, vertreiben	
pōscere	pōscō, popōscī	
	fordern, verlangen	
[sistere]		
cōnsistere	cōnsistō, cōnstitī	
	haltmachen, sich aufstellen	
resistere	resistō, restitī	
	stehenbleiben; Widerstand leisten	

tangere	tangō, tetigī, tāctum berühren
attingere	attingō, attigī berühren
contingere	contingō, contigī, contāctum berühren; gelingen
tendere	tendō, tetendī, tentum sich anstrengen, spannen; (aus)strecken
contendere	contendō, contendī eilen; sich anstrengen, kämpfen; behaupten
ostendere	ostendō, ostendī zeigen, darlegen
tollere	tollō, sustulī, sublātum aufheben, in die Höhe heben, wegnehmen

Perfekt ohne Stammveränderung

accendere	accendō, accendī, accēnsum anfeuern, anzünden
dēfendere	dēfendō, dēfendī abwehren, verteidigen, schützen
dēscendere	dēscendō, dēscendī, dēscēnsum herabsteigen

incendere	incendō, incendī, incēnsum
	entflammen, in Brand stecken
metuere	metuō, metuī
	(sich) fürchten
prehendere	prehendō, prehendī, prehēnsum
	ergreifen, nehmen
comprehendere	comprehendō, comprehendī, comprehēnsum
	begreifen, ergreifen, festnehmen
reprehendere	reprehendō, reprehendī, reprehēnsum
	kritisieren, wieder aufgreifen
ruere	ruō, ruī
	eilen, stürmen, stürzen
solvere	solvō, solvī, solūtum
	auflösen, bezahlen, lösen
statuere	statuō, statuī
	aufstellen, beschließen, festsetzen
cōnstituere	cōnstituō, cōnstituī, cōnstitūtum
	festsetzen, beschließen
īnstituere	īnstituō, īnstituī
	beginnen, einrichten, unterrichten

restituere	restituō, restituī, restitūtum wiederherstellen
tribuere	tribuō, tribuī, tribūtum schenken, zuteilen
vertere	vertō, vertī, versum drehen, wenden
animadvertere	animadvertō, animadvertī bemerken, wahrnehmen
āvertere	āvertō, āvertī, āversum abwenden, vertreiben
convertere	convertō, convertī, conversum verändern, (um)wenden *(in m. Akk.)* richten (auf)
vīsere	vīsō, vīsī, vīsum besichtigen, besuchen
volvere	volvō, volvī, volūtum rollen, wälzen, überlegen

Verben der kons. Konjugation
(mit ĭ-Erweiterung)

cupere   cupiō, cupīvī
verlangen, wünschen, wollen

....

sapere   sapiō, sapīvī (sapiī)
Geschmack haben, Verstand haben

rapere   rapiō, rapuī, raptum
wegführen, rauben, wegreißen

....

  corripere   corripiō, corripuī
ergreifen, gewaltsam an sich reißen

....

  ēripere   ēripiō, ēripuī
entreißen

aspicere   aspiciō, aspexī
erblicken

....

cōnspicere   cōnspiciō, cōnspexī, cōnspectum
erblicken

perspicere	perspiciō, perspexī erkennen, genau betrachten, sehen
prōspicere	prōspiciō, prōspexī, prōspectum schauen auf, sehen

Dehnungsperfekt

capere	capiō, cēpī, captum fassen, nehmen; erobern
accipere	accipiō, accēpī, acceptum aufnehmen, erhalten, erfahren
excipere	excipiō, excēpī, exceptum aufnehmen, eine Ausnahme machen
incipere	incipiō, incēpī (coepī), inceptum anfangen, beginnen
praecipere	praecipiō, praecēpī, praeceptum (be)lehren, vorschreiben
recipere	recipiō, recēpī, receptum aufnehmen, wiederbekommen, zurücknehmen
suscipere	suscipiō, suscēpī, susceptum *m. Akk.* auf sich nehmen, sich (einer Sache) annehmen, unternehmen

facere	faciō, fēcī, factum
	machen, tun, handeln
afficere	afficiō, affēcī, affectum
	m. Abl. versehen mit
cōnficere	cōnficiō, cōnfēcī, cōnfectum
	beenden, fertigmachen
dēficere	dēficiō, dēfēcī
	abnehmen, ermatten; verlassen, ausgehen
efficere	efficiō, effēcī, effectum
	bewirken, herstellen
interficere	interficiō, interfēcī, interfectum
	töten, vernichten
perficere	perficiō, perfēcī, perfectum
	erreichen, fertigstellen, vollenden
fugere	fugiō, fūgī
	m. Akk. fliehen (vor), meiden
effugere	effugiō, effūgī
	m. Akk. entfliehen, entkommen
[iacere]	
adicere	adiciō, adiēcī
	hinzufügen

conicere	coniciō, coniēcī (zusammen)werfen, folgern, vermuten
ēicere	ēiciō, ēiēcī, ēiectum hinauswerfen, vertreiben
obicere	obiciō, obiēcī, obiectum darbieten, vorwerfen
subicere	subiciō, subiēcī, subiectum darunterlegen, unterwerfen

Reduplikationsperfekt

parere	pariō, peperī, partum zur Welt bringen; schaffen

Deponentien

arbitrārī	arbitror, arbitrātus sum glauben, meinen
hortārī	hortor, hortātus sum auffordern, ermahnen
imitārī	imitor, imitātus sum nachahmen
mīrārī	mīror, mīrātus sum bewundern, sich wundern
morārī	moror, morātus sum (sich) aufhalten
opīnārī	opīnor, opīnatus sum glauben, meinen
precārī	precor, precātus sum bitten
suspicārī	suspicor, suspicātus sum vermuten
versārī	versor, versātus sum sich aufhalten, sich befinden
fatērī	fateor, fassus sum bekennen, gestehen

cōnfitērī	cōnfiteor, cōnfessus sum (ein)gestehen
pollicērī	polliceor, pollicitus sum versprechen
rērī	reor, ratus sum meinen
tuērī	tueor *m. Akk.* betrachten, schützen, (milit.) sichern, sorgen für
intuērī	intueor anschauen
verērī	vereor, veritus sum fürchten, sich scheuen; verehren
vidērī	videor, vīsus sum scheinen, gelten (als)
experīrī	experior, expertus sum erfahren, versuchen
mōlīrī	mōlior, mōlītus sum (an)treiben; planen, unternehmen
orīrī	orior, ortus sum entstehen, sich erheben

proficīscī	proficīscor, profectus sum (ab)reisen, aufbrechen
īrāscī	īrāscor *(m. Dat.)* in Zorn geraten, zornig sein (gegen / über)
loquī	loquor, locūtus sum reden, sprechen
colloquī	colloquor, collocūtus sum sich unterreden, besprechen
nāscī	nāscor, nātus sum entstehen, geboren werden
nītī	nītor, nīxus (nīsus) sum *m. Abl.* sich stützen (auf) ad / in *m. Akk.* streben (nach)
ūtī	ūtor, ūsus sum *m. Abl.* benützen, gebrauchen
sequī	sequor, secūtus sum *m. Akk.* folgen
cōnsequī	cōnsequor, cōnsecūtus sum erreichen, nachfolgen
querī	queror, questus sum *(m. Akk.)* klagen; sich beklagen (über)

vehī	vehor, vectus sum *m. Abl.* sich fortbewegen, fahren
aggredī	aggredior, aggressus sum angreifen, herangehen
ēgredī	ēgredior, ēgressus sum herausgehen, verlassen
morī	morior, mortuus sum sterben
patī	patior, passus sum (er)leiden, ertragen, zulassen
prōgredī	prōgredior, prōgressus sum vorrücken, weitergehen

Semideponentien

audēre	**audeō, ausus sum** wagen
gaudēre	**gaudeō, gāvīsus sum** sich freuen
solēre	**soleō, solitus sum** *(m. Inf.)* gewöhnlich etwas tun, gewohnt sein
cōnfīdere	**cōnfīdō, cōnfīsus sum** vertrauen
revertī	**revertor, revertī, reversum** zurückkehren

Andere Verben

esse	**sum, fuī** sein, sich befinden **futūrum esse (fore)** sein werden
abesse	**absum, āfuī** abwesend sein, fehlen
adesse	**adsum, adfuī** da sein; helfen
dēesse	**dēsum, dēfuī** abwesend sein, fehlen

| interesse | **intersum** |
| | *m. Dat.* dazwischen sein, teilnehmen an |

| posse | **possum, potuī** |
| | können |

| praeesse | **praesum, praefuī** |
| | *m. Dat.* an der Spitze stehen, leiten |

| **ferre** | **ferō, tulī, lātum** |
| | bringen, tragen; ertragen |

| afferre | **afferō, attulī, allātum** |
| | bringen, herbeibringen, mitbringen; melden |

| auferre | **auferō, abstulī, ablātum** |
| | rauben, wegbringen |

| cōnferre | **cōnferō, cōntulī, collātum** |
| | vergleichen, zusammentragen |

| differre | **differō, distulī, dīlātum** |
| | *(ā m. Abl.)* sich unterscheiden (von) |

| efferre | **efferō, extulī, ēlātum** |
| | herausheben, hervorbringen |

| īnferre | **īnferō, īntulī, illātum** |
| | hineintragen, zufügen |

| praeferre | **praeferō, praetulī, praelātum** |
| | vorziehen |

perferre	**perferō, pertulī, perlātum** (über)bringen, ertragen
prōferre	**prōferō, prōtulī, prōlātum** (hervor)holen, zur Sprache bringen
referre	**referō, rettulī, relātum** (zurück)bringen, berichten
tollere	**tollō, sustulī, sublātum** aufheben, in die Höhe heben, wegnehmen
īre	**eō, iī, itum** gehen
abīre	**abeō, abiī, abitum** weggehen
adīre	**adeō, adiī, aditum** *m. Akk.* herantreten (an), bitten
exīre	**exeō, exiī, exitum** herausgehen
inīre	**ineō, iniī, initum** hineingehen; beginnen
perīre	**pereō, periī, peritum** zugrunde gehen, umkommen
praeterīre	**praetereō, praeteriī, praeteritum** übergehen, vorbeigehen